제36회 공인중개사 시험대비 **전면개정판**　　동영상강의 www.pmg.co.kr

박문각 공인중개사

브랜드만족
1위
박문각

2025

근거자료
별면표기

김병렬
부동산공시법령

열공시의
핵심암기장

김병렬 편저

박문각

공간정보의 구축 및
관리 등에 관한 법률

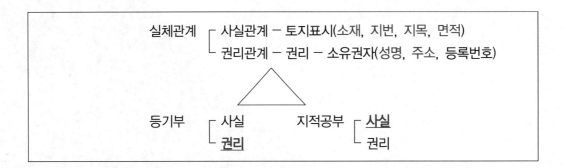

☑ 토지대장 견본

(고유번호)	4157010100−10600−0000			토지대장	(도면번호)		8
(토지소재)	경기도 김포시 북변동				(장번호)		1-1
(지번)	600	(축척)	1 : 1200		비고		

토지표시				소유자		
(지목)	(면적)	(사유)	(변동일자)		(주소)	
			(변동원인)	(성명 또는 명칭)		(등록번호)
(01) 전	1960	(40)2005년 05월 13일 지목변경	2013년 03월 14일	김포대로 926번길 88-36, 701동 901호 (북변동, 풍년마을)		
			(04)주소변경	오재미		530310−1******
		─── 이하 여백 ───		─── 이하 여백 ───		

등급수정 연월일	1984.7.1. 수정	1986.8.1. 수정	1989.5.1. 수정	1991.1.1. 수정	1991.6.1. 수정	1992.1.1. 수정	1993.1.1. 수정	1994.1.1. 수정
토지등급 (기준수확량등급)	112 ( )	115 ( )	117 ( )	122 ( )	126 ( )	130 ( )	133 ( )	136 ( )
개별공시지가 기준일	2010년 1월 1일	2011년 1월 1일	2012년 1월 1일	2013년 1월 1일	2014년 1월 1일	2015년 1월 1일	2016년 1월 1일	용도지역 등
(개별공시지가) (원/m²)	133000	144000	160000	176000	181900	187000	192500	

토지대장에 의하여 작성한 등본입니다.

2016년 10월 27일

경기도 김포시장

* 위 견본은 실제 양식과 차이가 있을 수 있으며, 학습목적으로 가공된 것으로서 모두 실제 내용이 아닙니다.

```
실체관계 ┌ 사실관계 - 토지표시(    ,    ,    ,    )
         └ 권리관계 - 권리 - 소유권자(    ,    , 등록번호)
                    △
등기부 ┌ 사실        지적공부 ┌ (___)
       └ (___)              └ 권리
```

☑ 토지대장 견본

( )		4157010100-10600-0000		( )		8
( )		경기도 김포시 북변동	토지대장	( )		1-1
( )	600	( )	1 : 1200	비고		

토지표시				소유자			
( )	( )		( )	( )		( )	
				( )	( )		( )
(01) 전	1960	(40)2005년 05월 13일 지목변경		2013년 03월 14일	김포대로 926번길 88-36, 701동 901호 (북변동, 풍년마을)		
				(04)주소변경	오재미	530310-1******	
		--- 이하 여백 ---		--- 이하 여백 ---			

등급수정 연월일	1984.7.1. 수정	1986.8.1. 수정	1989.5.1. 수정	1991.1.1. 수정	1991.6.1. 수정	1992.1.1. 수정	1993.1.1. 수정	1994.1.1. 수정
토지등급 (기준수확량등급)	112 ( )	115 ( )	117 ( )	122 ( )	126 ( )	130 ( )	133 ( )	136 ( )
개별공시지가 기준일	2010년 1월 1일	2011년 1월 1일	2012년 1월 1일	2013년 1월 1일	2014년 1월 1일	2015년 1월 1일	2016년 1월 1일	용도지역 등
( ) (원/m²)	133000	144000	160000	176000	181900	187000	192500	

토지대장에 의하여 작성한 등본입니다.

2016년 10월 27일

경기도 김포시장

* 위 견본은 실제 양식과 차이가 있을 수 있으며, 학습목적으로 가공된 것으로서 모두 실제 내용이 아닙니다.

☑ **임야대장 견본**

(고유번호)	4374034028－20123－0002			(도면번호)		2
(토지소재)	충청북도 영동군 매곡면 어촌리		임야대장	(장번호)		1-1
(지번)	산 123-2	(축척)	1 : 6000	비고		

토지표시				소유자		
				(변동일자)	(주소)	
(지목)	(면적)	(사유)		(변동원인)	(성명 또는 명칭)	(등록번호)
(05) 임야	3948	(21) 1996년 10월 4일 산 123번에서 분할		1970년 7월 7일	서울시 은평구 응암동 123	
				(02) 소유권보존	김철수	430728－1*
		─ 이하 여백 ─		2018년 11월 1일	경기도 김포시 김포대로 926번길 46 701동 801호(북변동, 풍년마을)	
				(03) 소유권이전	김정환	090325－1*

등급수정 연월일	1994년 1월1일 수정							
토지등급 (기준수확량등급)	56							
개별공시지가 기준일	2012년 1월 1일	2013년 1월 1일	2014년 1월 1일	2015년 1월 1일	2016년 1월 1일	2017년 1월 1일	2018년 1월 1일	용도지역 등
개별공시지가 (원/m²)	309	327	342	360	378	378	396	

임야대장에 의하여 작성한 열람본입니다.

2018년 11월 11일

충청북도 영동군수

* 위 견본은 실제 양식과 차이가 있을 수 있으며, 학습목적으로 가공된 것으로서 모두 실제 내용이 아닙니다.

☑ 임야대장 견본

<table>
<tr><td>( )</td><td colspan="3">4374034028-20123-0002</td><td rowspan="3">임야대장</td><td>( )</td><td>2</td></tr>
<tr><td>( )</td><td colspan="3">충청북도 영동군 매곡면 어촌리</td><td>( )</td><td>1-1</td></tr>
<tr><td>( )</td><td>산 123-2</td><td>( )</td><td>1 : 6000</td><td>비고</td><td></td></tr>
</table>

<table>
<tr>
<td colspan="3" align="center">토지표시</td>
<td colspan="3" align="center">소유자</td>
</tr>
<tr>
<td rowspan="2">( )</td>
<td rowspan="2">( )</td>
<td rowspan="2">( )</td>
<td colspan="2">( )</td>
<td>( )</td>
</tr>
<tr>
<td>( )</td>
<td>( )</td>
<td>( )</td>
</tr>
<tr>
<td rowspan="2">(05) 임야</td>
<td rowspan="2">3948</td>
<td rowspan="2">(21) 1996년 10월 4일
산 123번에서 분할</td>
<td>1970년 7월 7일</td>
<td colspan="2">서울시 은평구 응암동 123</td>
</tr>
<tr>
<td>(02) 소유권보존</td>
<td>김철수</td>
<td>430728-1*</td>
</tr>
<tr>
<td rowspan="2"></td>
<td rowspan="2"></td>
<td rowspan="2" align="center">-- 이하 여백 --</td>
<td>2018년 11월 1일</td>
<td colspan="2">경기도 김포시 김포대로 926번길 46
701동 801호(북변동, 풍년마을)</td>
</tr>
<tr>
<td>(03) 소유권이전</td>
<td>김정환</td>
<td>090325-1*</td>
</tr>
<tr>
<td></td><td></td><td></td><td></td><td></td><td></td>
</tr>
<tr>
<td></td><td></td><td></td><td></td><td></td><td></td>
</tr>
</table>

<table>
<tr>
<td>등급수정
연월일</td>
<td colspan="2">1994년
1월1일 수정</td>
<td></td><td></td><td></td><td></td><td></td><td></td>
</tr>
<tr>
<td>토지등급
(기준수확량등급)</td>
<td colspan="2">56</td>
<td></td><td></td><td></td><td></td><td></td><td></td>
</tr>
<tr>
<td>개별공시지가
기준일</td>
<td>2012년
1월 1일</td>
<td>2013년
1월 1일</td>
<td>2014년
1월 1일</td>
<td>2015년
1월 1일</td>
<td>2016년
1월 1일</td>
<td>2017년
1월 1일</td>
<td>2018년
1월 1일</td>
<td rowspan="2">용도지역 등</td>
</tr>
<tr>
<td>개별공시지가
(원/m²)</td>
<td>309</td>
<td>327</td>
<td>342</td>
<td>360</td>
<td>378</td>
<td>378</td>
<td>396</td>
</tr>
<tr>
<td colspan="9" align="center">임야대장에 의하여 작성한 열람본입니다.

2018년 11월 11일

충청북도 영동군수</td>
</tr>
</table>

* 위 견본은 실제 양식과 차이가 있을 수 있으며, 학습목적으로 가공된 것으로서 모두 실제 내용이 아닙니다.

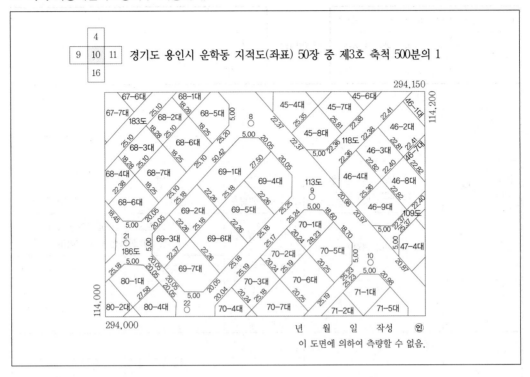

☑ 지적도(경계점좌표등록부 시행지역)

	4	
9	10	11
	16	

경기도 용인시 운학동 지적도(좌표) 50장 중 제3호 축척 500분의 1

년 월 일 작성 ㉑

이 도면에 의하여 측량할 수 없음.

☑ 경계점좌표등록부 견본

(고유번호)	4157020258-30069-0003	(도면번호)	3
(토지소재)	경기도 용인시 운학동	(장번호)	1-1
(지번)	69-3		

경계점좌표등록부

(부호도)	(부호)	(좌표) X	(좌표) Y	(부호)	(좌표) X	(좌표) Y
	1	4 5 8 3 7 5 2 8	1 7 3 8 5 0 2 7			
	2	4 5 8 3 8 5 7 4	1 7 3 8 5 5 2 8			
	3	4 5 8 3 7 8 5 2	1 7 3 8 7 1 4 5			
	4	4 5 8 3 7 7 4 4	1 7 3 8 7 0 9 6			
	5	4 5 8 3 6 4 6 7	1 7 3 8 6 5 2 2			
	6	4 5 8 3 7 0 5 8	1 7 3 8 6 1 9 9			

* 위 견본은 실제 양식과 차이가 있을 수 있으며, 학습목적으로 가공된 것으로서 모두 실제 내용이 아닙니다.

☑ 지적도(경계점좌표등록부 시행지역)

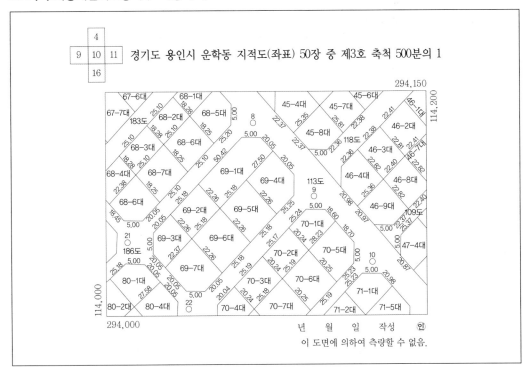

경기도 용인시 운학동 지적도(좌표) 50장 중 제3호 축척 500분의 1

이 도면에 의하여 측량할 수 없음.

☑ 경계점좌표등록부 견본

( )	4157020258-30069-0003																			( )	3			
( )	경기도 용인시 운학동								경계점좌표등록부											( )	1-1			
( )	69-3																							
( )		( )		( )												( )	( )							
				X				Y								X			Y					
		1	4 5 8 3 7 5 2 8					1 7 3 8 5 0 2 7																
		2	4 5 8 3 8 5 7 4					1 7 3 8 5 5 2 8																
		3	4 5 8 3 7 8 5 2					1 7 3 8 7 1 4 5																
		4	4 5 8 3 7 7 4 4					1 7 3 8 7 0 9 6																
		5	4 5 8 3 6 4 6 7					1 7 3 8 6 5 2 2																
		6	4 5 8 3 7 0 5 8					1 7 3 8 6 1 9 9																

* 위 견본은 실제 양식과 차이가 있을 수 있으며, 학습목적으로 가공된 것으로서 모두 실제 내용이 아닙니다.

☑ 공유지연명부 견본

(고유번호)	1171010200-10007-0000	공유지연명부			(장번호)	1	
(토지소재)	서울특별시 송파구 신천동	(지번)	7		비고		

(변동일자)	(소유권지분)	소유자		변동일자	소유권지분	소유자	
(변동원인)		(주소)	(등록번호) / (성명 또는 명칭)	변동원인		주소	등록번호 / 성명 또는 명칭
1999년 1월 8일 (3) 소유권이전	1/3	김포아파트 4동 11호	350530-2019137 이공주	년 월 일			
년 월 일	1/3	김포아파트 4동 15호	401010-2234713 김유민	년 월 일			
년 월 일	1/3	김포아파트 6동 13호	660515-1845716 최공명	년 월 일			
년 월 일				년 월 일			
년 월 일				년 월 일			

*위 견본은 실제 양식과 차이가 있을 수 있으며, 학습목적으로 가공된 것으로서 모두 실제 내용이 아닙니다.

☑ 공유지연명부 견본

( )	1171010200-10007-0000	공유지연명부		( )	1
( )	서울특별시 송파구 신천동	( )	7	비고	

( )	( )	소유자		변동일자	소유권 지분	소유자	
( )		( )	( )	변동원인		주소	등록번호
			( )				성명 또는 명칭
1999년 1월 8일 (3) 소유권이전	1/3	김포아파트 4동 11호	350530-2019137 이공주	년 월 일			
년 월 일	1/3	김포아파트 4동 15호	401010-2234713 김유민	년 월 일			
년 월 일	1/3	김포아파트 6동 13호	660515-1845716 최공명	년 월 일			
년 월 일				년 월 일			
년 월 일				년 월 일			

*위 견본은 실제 양식과 차이가 있을 수 있으며, 학습목적으로 가공된 것으로서 모두 실제 내용이 아닙니다.

☑ **대지권등록부 견본**

고유번호	1171010700-10140-0000		대지권등록부	(전유부분 건물표시)	101동 4층 201호	(건물명칭)	김포 아파트
토지소재	서울특별시 송파구 가락동	지번	140	(대지권비율)	21.07/55641	장번호	1
지번							

변동일자	소유권 지분	소유자		변동일자	소유권 지분	소유자	
변동원인		주소	등록번호	변동원인		주소	등록번호
			성명 또는 명칭				성명 또는 명칭
2001년 5월 7일		김포아파트 203동 820호	660515-1845716	년 월 일			
			김대직				
년 월 일				년 월 일			
년 월 일				년 월 일			
년 월 일				년 월 일			
년 월 일				년 월 일			

* 위 견본은 실제 양식과 차이가 있을 수 있으며, 학습목적으로 가공된 것으로서 모두 실제 내용이 아닙니다.

☑ 대지권등록부 견본

고유번호	1171010700-10140-0000	대지권등록부	( )	101동 4층 201호	( )	김포 아파트
토지소재	서울특별시 송파구 가락동	지번	140	( )	21.07/55641	장번호	1

지번						

변동일자	소유권 지분	소유자		변동일자	소유권 지분	소유자	
변동원인		주소	등록번호	변동원인		주소	등록번호
			성명 또는 명칭				성명 또는 명칭
2001년 5월 7일		김포아파트 203동 820호	660515-1845716	년 월 일			
			김대직				
년 월 일				년 월 일			
년 월 일				년 월 일			
년 월 일				년 월 일			
년 월 일				년 월 일			

* 위 견본은 실제 양식과 차이가 있을 수 있으며, 학습목적으로 가공된 것으로서 모두 실제 내용이 아닙니다.

지적제도의 의의와 토지의 등록

▌도해지적과 수치지적

도면(지적도, 임야도) − 도해지적 : 이해↑, 비용↓, 정밀(↓), 전국
경계점좌표등록부　 − 수치지적 : 이해↓, 비용↑, 정밀(↑), 일부

1. 공간정보의 구축 및 관리에 관한 법령상 토지의 등록절차

① **토지의 조사·등록** : (국토교통부장관)은 모든 토지에 대하여 필지별로 소재·지번·지목·면적·경계 또는 좌표 등을 조사·측량하여 지적공부에 등록하여야 한다(법 제64조 제1항).

② **토지이동의 신청** : 지적공부에 등록하는 지번·지목·면적·경계 또는 좌표는 토지의 이동이 있을 때 토지소유자의 신청을 받아 (지적소관청)이 결정한다. 다만, 신청이 없으면 지적소관청이 직권으로 조사·측량하여 결정할 수 있다.

③ **직권에 의한 토지이동정리절차**

　㉠ 지적소관청은 토지의 이동현황을 직권으로 조사·측량하여 토지의 지번·지목·면적·경계 또는 좌표를 결정하려는 때에는 (토지이동현황조사계획)을 수립하여야 한다.

　㉡ 토지이동현황 조사계획은 (시·군·구)별로 수립하되, 부득이한 사유가 있는 때에는 (읍·면·동)별로 수립할 수 있다.

THEMA 01　지적제도의 의의와 토지의 등록

▌도해지적과 수치지적

> 도면(지적도, 임야도) − 도해지적 : 이해↑, 비용↓, 정밀(　　), 전국
> 경계점좌표등록부　　− 수치지적 : 이해↓, 비용↑, 정밀(　　), 일부

1. 공간정보의 구축 및 관리에 관한 법령상 토지의 등록절차

① **토지의 조사·등록** : (　　　　　　　　　)은 모든 토지에 대하여 필지별로 소재·지번·지목·면적·경계 또는 좌표 등을 조사·측량하여 지적공부에 등록하여야 한다(법 제64조 제1항).

② **토지이동의 신청** : 지적공부에 등록하는 지번·지목·면적·경계 또는 좌표는 토지의 이동이 있을 때 토지소유자의 신청을 받아 (　　　　)이 결정한다. 다만, 신청이 없으면 지적소관청이 직권으로 조사·측량하여 결정할 수 있다.

③ **직권에 의한 토지이동정리절차**

　　㉠ 지적소관청은 토지의 이동현황을 직권으로 조사·측량하여 토지의 지번·지목·면적·경계 또는 좌표를 결정하려는 때에는 (　　　　　　　　)을 수립하여야 한다.

　　㉡ 토지이동현황 조사계획은 (　　　　　)별로 수립하되, 부득이한 사유가 있는 때에는 (　　　　　)별로 수립할 수 있다.

2. 등록사항

① 토지이동에 따른 지번부여방법

㉠ 신규등록 및 등록전환

원칙	인접토지의 본번에 (부번)을 붙여 지번을 부여
예외	다음의 경우에는 지번부여지역의 최종 본번의 다음 순번의 (본번)으로 부여 ㉠ 최(종) 지번의 토지에 인접한 경우 ㉡ 멀리 (떨)어져 있는 경우 ㉢ (여)러 필지인 경우

㉡ 분할

원칙	1필지는 분할 전의 지번, 나머지 필지의 지번은 본번의 최종 부번 다음 순번으로 (부번)을 부여
예외	주거용 또는 사무실 등의 건축물이 있는 경우에는 분할 전 지번을 우선하여 부여

㉢ 합병

원칙	(선순위) 지번 부여, 본번만으로 된 지번이 있는 경우에는 본번 중 (선순위) 지번 부여
예외	토지소유자가 합병 전의 필지에 주거·사무실 등의 건축물이 있어서 그 건축물이 위치한 지번을 합병 후의 지번으로 신청할 때에는 그 지번을 합병 후의 지번으로 부여하여야 한다.

㉣ 도시개발사업 시행지역(지적확정측량을 실시한 지역)

원칙	해당 지역의 (본번)으로 부여. 단, 다음의 경우 제외 ㉠ 시행지역 안의 종전 지번과 지역 밖에 있는 본번이 같은 지번이 있는 때 그 지번 ㉡ 시행지역의 경계에 걸쳐 있는 지번
예외	부여할 수 있는 종전 지번의 수가 새로 부여할 지번의 수보다 적은 때 ㉠ 블록 단위로 부여하거나 ㉡ 그 지번부여지역의 최종 본번의 다음 순번부터 본번으로 순차적으로 부여

2. 등록사항

① 토지이동에 따른 지번부여방법

㉠ 신규등록 및 등록전환

원칙	인접토지의 본번에 ( )을 붙여 지번을 부여
예외	다음의 경우에는 지번부여지역의 최종 본번의 다음 순번의 ( )으로 부여 ㉠ 최( ) 지번의 토지에 인접한 경우 ㉡ 멀리 ( )어져 있는 경우 ㉢ ( )러 필지인 경우

㉡ 분할

원칙	1필지는 분할 전의 지번, 나머지 필지의 지번은 본번의 최종 부번 다음 순번으로 ( )을 부여
예외	주거용 또는 사무실 등의 건축물이 있는 경우에는 분할 전 지번을 우선하여 부여

㉢ 합병

원칙	( ) 지번 부여, 본번만으로 된 지번이 있는 경우에는 본번 중 ( ) 지번 부여
예외	토지소유자가 합병 전의 필지에 주거·사무실 등의 건축물이 있어서 그 건축물이 위치한 지번을 합병 후의 지번으로 신청할 때에는 그 지번을 합병 후의 지번으로 부여하여야 한다.

㉣ 도시개발사업 시행지역(지적확정측량을 실시한 지역)

원칙	해당 지역의 ( )으로 부여. 단, 다음의 경우 제외 ㉠ 시행지역 안의 종전 지번과 지역 밖에 있는 본번이 같은 지번이 있는 때 그 지번 ㉡ 시행지역의 경계에 걸쳐 있는 지번
예외	부여할 수 있는 종전 지번의 수가 새로 부여할 지번의 수보다 적은 때 ㉠ 블록 단위로 부여하거나 ㉡ 그 지번부여지역의 최종 본번의 다음 순번부터 본번으로 순차적으로 부여

3. 지목

1. 물을 상시이용하지않고 곡물 원예작물 (과수류 제외) 재배 - (전)
2. 물을 상시 이용하여 벼 연 미나리 왕골 재배 - (답)
3. 연 왕골 자생하는 배수가 안되는 토지 - (유지)
4. 초지 - (목장용지)
5. 녹지 - (공원)
6. 정원 - (대)
7. 용출 - (광천지)
8. 용출하여 운송 - (광천지에서 제외)
9. 주차에 필요한 독립적인 시설 - (주차장)
10. 자동차 관련 독립적인 시설 - (잡종지)
11. 교통운수 - (도로)
12. 교통운수, 궤도 - (철도용지)
13. 인공적 수로, 소규모 수로 - (구거)
14. 묘지공원 - (묘지)
15. 어린이 놀이터 - (유원지)
16. 봉안시설과 접속된 부속시설물 부지 - (묘지)
17. 묘지의 관리를 위한 건축물의 부지 - (대)
18. 갈대밭 - (잡종지)
19. 수림지, 죽림지, 암석지, 자갈땅, 모래땅, 습지, 황무지 - (임야)
20. 종교용지 안에 유적을 보호하기 위하여 구획된 토지 - (종교용지)
21. 송유시설 등의 부지 - (잡종지)
22. 주 - (주유소용지)
23. 공 - (공원)
24. 장 - (공장용지)
25. 유 - (유지)
26. 원 - (유원지)
27. 차 - (주차장)
28. 천 - (하천)
29. 광 - (광천지)

3. 지목

1. 물을 상시이용하지않고 곡물 원예작물 (과수류 제외) 재배 − (　　)
2. 물을 상시 이용하여 벼 연 미나리 왕골 재배 − (　　)
3. 연 왕골 자생하는 배수가 안되는 토지 − (　　)
4. 초지 − (　　　)
5. 녹지 − (　　)
6. 정원 − (　)
7. 용출 − (　　　)
8. 용출하여 운송 − (　　　　)
9. 주차에 필요한 독립적인 시설 − (　　　)
10. 자동차 관련 독립적인 시설 − (　　　)
11. 교통운수 − (　　)
12. 교통운수, 궤도 − (　　　)
13. 인공적 수로, 소규모 수로 − (　　　)
14. 묘지공원 − (　　)
15. 어린이 놀이터 − (　　　)
16. 봉안시설과 접속된 부속시설물 부지 − (　　　)
17. 묘지의 관리를 위한 건축물의 부지 − (　)
18. 갈대밭 − (　　　)
19. 수림지, 죽림지, 암석지, 자갈땅, 모래땅, 습지, 황무지 − (　　　)
20. 종교용지 안에 유적을 보호하기 위하여 구획된 토지 − (　　　)
21. 송유시설 등의 부지 − (　　　)
22. 주 − (　　　)
23. 공 − (　　)
24. 장 − (　　　)
25. 유 − (　　)
26. 원 − (　　)
27. 차 − (　　)
28. 천 − (　　)
29. 광 − (　　)

4. 경계

① 토지의 지상경계는 둑, 담장이나 그 밖에 구획의 목표가 될 만한 구조물 및 경계점표지 등으로 표시한다.

② **지상경계설정기준**

> ⓐ 지상경계의 결정기준은 다음 각 호의 구분에 따른다.
>   가. 연접되는 토지 간에 높낮이 차이가 <u>없는</u> 경우: 그 구조물 등의 (중앙)
>   나. 연접되는 토지 간에 높낮이 차이가 <u>있는</u> 경우: 그 구조물 등의 (하단부)
>   다. 도로·구거 등의 토지에 절토(切土)된 부분이 있는 경우: 그 경사면의 (상단부)
>   라. 토지가 해면 또는 수면에 접하는 경우: (최대만조위) 또는 (최대만수위)가 되는 선
>   마. 공유수면매립지의 토지 중 (제방) 등을 토지에 편입하여 등록하는 경우: 바깥쪽 어깨부분
> ⓑ 지상경계의 구획을 형성하는 구조물 등의 소유자가 다른 경우에는 위 ⓐ의 가, 나 다의 규정에도 불구하고 그 소유권에 따라 지상경계를 결정한다.

③ **지상경계점등록부의 등록사항**

> ⓐ 지적소관청은 토지의 이동에 따라 (지상경계)를 새로 정한 경우에는 국토교통부령으로 정하는 바에 따라 지상경계점 등록부를 작성·관리하여야 한다.
> ⓑ 등록사항
>   가. 토지의 소재
>   나. 지번
>   다. 경계점 (좌표)(경계점좌표등록부 시행지역에 한정한다)
>   라. 경계점위치 설명도
>   마. 경계점의 (사진파일)
>   바. 공부상 지목과 실제 토지이용지목
>   사. 경계점표지의 종류 및 (경계점 위치)

4. 경계

① 토지의 <u>지상**경계**</u>는 둑, 담장이나 그 밖에 구획의 목표가 될 만한 구조물 및 경계점표지 등으로 표시한다.

② **지상경계설정기준**

> ⓐ <u>지상경계</u>의 결정기준은 다음 각 호의 구분에 따른다.
>
> 가. 연접되는 토지 간에 높낮이 차이가 <u>없는</u> 경우 : 그 구조물 등의 (   )
>
> 나. 연접되는 토지 간에 높낮이 차이가 <u>있는</u> 경우 : 그 구조물 등의 (   )
>
> 다. 도로·구거 등의 토지에 절토(切土)된 부분이 있는 경우 : 그 경사면의 (   )
>
> 라. 토지가 해면 또는 수면에 접하는 경우 : (   ) 또는 (   )가 되는 선
>
> 마. 공유수면매립지의 토지 중 (   ) 등을 토지에 편입하여 등록하는 경우 : 바깥쪽 어깨부분
>
> ⓑ 지상경계의 구획을 형성하는 구조물 등의 <u>소유자가 다른 경우</u>에는 위 ⓐ의 가, 나 다의 규정에도 불구하고 그 <u>소유권에 따라 지상경계를 결정</u>한다.

③ **지상경계점등록부의 등록사항**

> ⓐ 지적소관청은 토지의 이동에 따라 (   )를 새로 정한 경우에는 국토교통부령으로 정하는 바에 따라 지상경계점 등록부를 작성·관리하여야 한다.
>
> ⓑ 등록사항
>
> 가. 토지의 소재
>
> 나. 지번
>
> 다. 경계점 (   )(경계점좌표등록부 시행지역에 한정한다)
>
> 라. 경계점위치 설명도
>
> 마. 경계점의 (   )
>
> 바. 공부상 지목과 실제 토지이용지목
>
> 사. 경계점표지의 종류 및 (   )

5. 면적

구 분	도면의 축척	등록면적단위	단수 처리
지적도	• 경계점좌표등록부 비치지역 (주로 1/500) • 1/600	(0.1)m²	0.05m² 미만 : 버림
			0.05m²일 때 : 앞자리 수가 0, (짝수) – 버림 앞자리 수가 (홀수) – 올림
			0.05m² 초과 : 올림
	1/1,000, 1/1,200, 1/2,400, 1/3,000, 1/6,000	(1)m²	0.5m² 미만 : 버림
			0.5m²일 때 : 앞자리 수가 0, 짝수 – 버림 앞자리 수가 홀수 – 올림
임야도	(1/3,000, 1/6,000)		0.5m² 초과 : 올림

5. 면적

구 분	도면의 축척	등록면적단위	단수 처리
지적도	• 경계점좌표등록부 비치지역 (주로 1/500) • 1/600	( )m^2	0.05m^2 미만 : 버림
			0.05m^{2}일 때 : 앞자리 수가 0, ( ) - 버림 앞자리 수가 ( ) - 올림
			0.05m^2 초과 : 올림
	1/1,000, 1/1,200, 1/2,400, 1/3,000, 1/6,000	( )m^2	0.5m^2 미만 : 버림
			0.5m^{2}일 때 : 앞자리 수가 0, 짝수 - 버림 앞자리 수가 홀수 - 올림
임야도	( )		0.5m^2 초과 : 올림

THEMA 02 지적공부

1. 지적공부의 종류와 등록사항

> 토지(임야)대장 : (소지지면), (고장축도), (개변명사유)
>
> 지적(임야)도 : (소지지경축), (곽거치치제색)
>
> 공유지연명부 : (소지고장), (변명분)
>
> 대지권등록부 : (소지고장), (변명분) (건 전 율)
>
> 경계점좌표등록부 : (소지고장), (부좌도)

☼ 소지 – 소재와 지번, 고 – 고유번호, 장– 장번호, 도 – 도면번호, 개– 개별공시지가, 곽 – 도 곽선과 그 수치, 색 – 색인도, 경 – 경계, 축 – 축척, 부 – 부호 및 부호도, 변명 – 소유자의 성명, 주소, 등록번호 + 소유자가 변경된 날과 그 원인, 건 – 건물명칭, 전 – 전유부분 건물표 시, 율 – 대지권의 비율

2. 지적공부의 관리

지적공부	(지적소관청)이 지적서고에 영구보존	예외적 반출 ㉠ 천재, 지변 그 밖에 준하는 사유 ㉡ 시도지사 또는 대도시시장의 승인
정보처리 시스템을 통하여 기록저장	(시·도지사, 시장·군수 또는 구청장)이 지적전산정보시스템에 영구보존	멸실 훼손대비 **복제관리**시스템 구축 : (국토교통부장관)
부동산 종합공부	(지적소관청)이 부동산의 효율적 이용과 부동산과 관련된 정보의 종합적 관리 운영을 위하여 관리 운영	멸실 또는 훼손에 대비하여 이를 별도로 **복제하여 관리**하는 정보관리체계를 구축 : (지적소관청)

THEMA 02 지적공부

1. 지적공부의 종류와 등록사항

토지(임야)대장 : (   ), (   ), (   )
지적(임야)도 : (   ), (   )
공유지연명부 : (   ), (   )
대지권등록부 : (   ), (   ) (   )
경계점좌표등록부 : (   ), (   )

✿ 소지 − 소재와 지번, 고 − 고유번호, 장− 장번호, 도 − 도면번호, 개− 개별공시지가, 곽 − 도
곽선과 그 수치, 색 − 색인도, 경 − 경계, 축 − 축척, 부 − 부호 및 부호도, 변명 − 소유자의
성명, 주소, 등록번호 + 소유자가 변경된 날과 그 원인, 건 − 건물명칭, 전 − 전유부분 건물표
시, 율 − 대지권의 비율

2. 지적공부의 관리

지적공부	( )이 지적서고에 영구보존	예외적 반출 ㉠ 천재, 지변 그 밖에 준하는 사유 ㉡ 시도지사 또는 대도시시장의 승인
정보처리 시스템을 통하여 기록저장	( )이 지적전산정보시스템에 영구보존	멸실 훼손대비 **복제관리**시스템 구축 : ( )
부동산 종합공부	( )이 부동산의 효율적 이용과 부동산과 관련된 정보의 종합적 관리 운영을 위하여 관리 운영	멸실 또는 훼손에 대비하여 이를 별도로 **복제하여 관리**하는 정보관리체계를 구축: ( )

3. 부동산종합공부의 의의와 등록사항

> **부동산종합공부의 등록사항** (토건가용권)
> (토)지의 표시와 소유자 - (지적공부)
> (건)축물의 표시와 소유자 - (건축물대장)
> 부동산의 (가)격 - (개별공시지가)
> 토지이(용) 및 규제 - (토지이용계획확인서)
> 그밖에 - (부동산등기법) 제48조의 부동산 (권리)에 관한 사항

4. 지적공부의 복구

① **복구자료**

　㉠ (토지의 표시)에 관한 사항 : 가장 적합하다고 인정되는 관련 자료

> 지적공부등본,
> (측량결과도),
> (토지이동정리)결의서,
> 토지(건물)등기사항증명서 등 등기사실을 증명하는 서류,
> 지적소관청이 발행한 증명내용,
> 정보처리시스템으로 복제된 지적공부,
> 법원의 확정판결

　　- 지적측량수행계획서 ×, 토지이용계획확인서 ×, 측량준비도 ×, 개별공시지가
　　　자료 ×, 지적측량의뢰서 ×

　㉡ (소유자)에 관한 사항 : (부동산등기부)나 (법원의 확정판결)에 의하여 복구하여야
　　한다.

② **복구절차**

자료조사 (복구자료 조사서 및 복구자료도 작성)	⇨	복구측량 (면적 증감이 허용범위를 (초과)하거나 자료가 없는 경우)	⇨	경계·면적 조정 (토지소유자 및 이해관계인 동의)	⇨	토지표시의 게시 ((15)일 이상 시·군·구 게시판 및 인터넷홈페이지)	게시 중 소관청에 이의신청 가능	⇨	복구

3. 부동산종합공부의 의의와 등록사항

> **부동산종합공부의 등록사항** (토건가용권)
> (토)지의 표시와 소유자 − (   )
> (건)축물의 표시와 소유자 − (   )
> 부동산의 (가)격 − (   )
> 토지이(용) 및 규제 − (   )
> 그밖에 − (   ) 제48조의 부동산 (   )에 관한 사항

4. 지적공부의 복구

① 복구자료

  ㉠ (토지의 표시)에 관한 사항: 가장 적합하다고 인정되는 관련 자료

> 지적공부등본,
> (   ),
> (   )결의서,
> 토지(건물)등기사항증명서 등 등기사실을 증명하는 서류,
> 지적소관청이 발행한 증명내용,
> 정보처리시스템으로 복제된 지적공부,
> 법원의 확정판결

  − 지적측량수행계획서 ×, 토지이용계획확인서 ×, 측량준비도 ×, 개별공시지가
    자료 ×, 지적측량의뢰서 ×

  ㉡ (소유자)에 관한 사항: (   )나 (   )에 의하여 복구하여
    야 한다.

② 복구절차

자료조사
(복구자료
조사서 및
복구자료도
작성) ⇨ 복구측량
(면적 증감이
허용범위를 (   )
하거나 자료가
없는 경우) ⇨ 경계·면적
조정
(토지소유자 및
이해관계인
동의) ⇨ 토지표시의
게시
(( )일 이상
시·군·구
게시판 및
인터넷홈페이지) ⇨ 게시 중
소관청에
이의신청
가능 ⇨ 복구

THEMA 03 토지의 이동신청과 지적정리

1. 토지의 이동

구 분	지적 측량	신청의무	등기 촉탁
신규등록	(○)	(60일)	(×)
등록전환	(○)	(60일)	(○)
분할	(○)	원칙 − 분할의무 ×	(○)
		일부 형질변경시 (60일)내 의무(＋ 지목변경신청서)	
합병	(×)	원칙 − 합병의무 ×	(○)
		ⓐ공동주택부지, ⓑ공공사업 (60일)이내 의무	
지목변경	(×)	(60일) 이내	(○)
축척변경	(○)	·	(○)
바다로 된 토지 말소	(○)	통지를 받은 날로부터 (90)일 이내	(○)

THEMA 03 토지의 이동신청과 지적정리

1. 토지의 이동

구 분	지적 측량	신청의무		등기 촉탁
신규등록	( )	( )		( )
등록전환	( )	( )		( )
분할	( )	원칙 − 분할의무 ×		( )
		일부 형질변경시 ( )내 의무(＋ 지목변경신청서)		
합병	( )	원칙 − 합병의무 ×		( )
		ⓐ공동주택부지, ⓑ공공사업 ( )이내 의무		
지목변경	( )	( ) 이내		( )
축척변경	( )	·		( )
바다로 된 토지 말소	( )	통지를 받은 날로부터 ( )일 이내		( )

2. 축척변경

① **의의**

'지적도'의 정밀성을 높이기 위하여 축척을 변경(작 ⇨ 큰)하여 등록

② **요건(신청 또는 직권)**

소유자 (2/3)이상 동의 + (축척변경위원회의 의결) + (시·도지사의 승인)

③ **시행 공고(20일 이상)**

공고일로부터 30일 이내 경계점표지 설치

④ **지번별조서**

지적소관청은 축척변경에 관한 측량을 완료하였을 때에는 축척변경 시행공고일 현재의 지적공부상의 면적과 측량 후의 면적을 비교하여 그 변동사항을 표시한 (지번별조서)를 작성하여야 한다.

⑤ **청산절차**

청산금 산정	⇨	(지적소관청)이 '지번별 m^2당 가격'(시행공고일 현재 가격)조사 ⇨ (축척변경위원회)에 제출하여 의결 ⇨ 증감면적에 곱하여 산출
(청산금 결정)공고	⇨	청산금조서 작성 후 (15)일 이상 공고
납부고지 및 수령통지	⇨	공고한 날로부터 (20)일 이내
납부 및 수령	⇨	납부(소유자 ⇨ 소관청) : 고지를 (받은) 날부터 (6)월 이내 수령(소관청 ⇨ 소유자) : 통지를 (한) 날부터 (6)월 이내 [초과액 및 부족액은 (지방자치단체) 수입 또는 부담으로]
이의신청	⇨	고지 또는 통지 (받은) 날로부터 (1)월 이내에 (지적소관청)에 이의신청 ⇨ 이의신청을 받은 지적소관청은 (1)개월 이내에 축척변경위원회의 심의·의결을 거쳐 그 인용(認容)여부를 결정한 후 지체 없이 그 내용을 이의신청인에게 통지

⑥ **확정 공고**(납부 및 지급이 완료되면 지체 없이) - (확정공고)일에 토지의 이동이 있는 것으로 본다.

확정공고 포함 사항	
1. 토지의 소재 및 지역명	2. 축척변경 지번별조서
3. 청산금 조서	4. 지적도의 축척

2. 축척변경

① **의의**

'지적도'의 정밀성을 높이기 위하여 축척을 변경(작 ⇨ 큰)하여 등록

② **요건(신청 또는 직권)**

소유자 (   )이상 동의 + (   ) + (   )

③ **시행 공고(일 이상)**

공고일로부터 30일 이내 경계점표지 설치

④ **지번별조서**

지적소관청은 축척변경에 관한 측량을 완료하였을 때에는 축척변경 시행공고일 현재의 지적공부상의 면적과 측량 후의 면적을 비교하여 그 변동사항을 표시한 (   )를 작성하여야 한다.

⑤ **청산절차**

청산금 산정	⇨	( )이 '지번별 m^2당 가격'(현재 가격)조사 ⇨ ( )에 제출하여 의결 ⇨ 증감면적에 곱하여 산출
( )공고	⇨	청산금조서 작성 후 ( )일 이상 공고
납부고지 및 수령통지	⇨	공고한 날로부터 ( )일 이내
납부 및 수령	⇨	납부(소유자 ⇨ 소관청): 고지를 ( ) 날부터 ( )월 이내 수령(소관청 ⇨ 소유자): 통지를 ( ) 날부터 ( )월 이내 [초과액 및 부족액은 ( ) 수입 또는 부담으로]
이의신청	⇨	고지 또는 통지 ( ) 날로부터 ( )월 이내에 ( )에 이의신청 ⇨ 이의신청을 받은 지적소관청은 ( )개월 이내에 축척변경위원회의 심의·의결을 거쳐 그 인용(認容)여부를 결정한 후 지체 없이 그 내용을 이의신청인에게 통지

⑥ **확정 공고(납부 및 지급이 완료되면 지체 없이) - (   )일에 토지의 이동이 있는 것으로 본다.**

확정공고 포함 사항	
1. 토지의 소재 및 지역명	2. 축척변경 지번별조서
3. 청산금 조서	4. 지적도의 축척

⑦ **축척변경위원회의 구성**(5인 이상 10인 이내로 <u>토지소유자가 (2분의 1) 이상</u>)
위원은 (토지소유자 중 지역사정에 정통한 자)와 (지적에 관한 전문지식을 가진 자) 중 지적소관청이 위촉 – 시행지역 안의 토지소유자가 (5)인 이하인 때에는 소유자 전원을 위촉, 위원장은 위원 중 (지적소관청)이 지명

3. 지적소관청의 직권정정 사유

ⓐ (토지이동정리 결의서)의 내용과 다르게 정리된 경우

ⓑ 지적도 및 임야도에 등록된 필지가 <u>면적의 증감 (없이)</u> 경계의 위치만 잘못된 경우

ⓒ 1필지가 각각 다른 지적도 또는 임야도에 등록되어 있는 경우로서 지적공부에 등록된 면적과 측량한 <u>실제 면적은 (일치)</u>하지만 지적도 또는 임야도에 등록된 경계가 서로 접합되지 아니하여 지적도 또는 임야도에 등록된 경계를 지상의 경계에 맞추어 정정하여야 하는 토지가 발견된 경우

ⓓ 지적공부의 작성 또는 재작성 당시 <u>잘못</u> 정리된 경우

ⓔ (지적측량성과)와 다르게 정리된 경우

ⓕ (지적측량적부 (재)심사에 대한 <u>지적위원회의 의결</u>)에 의하여 지적공부의 등록사항을 정정하여야 하는 경우

ⓖ 지적공부의 등록사항이 <u>잘못 입력</u>된 경우

ⓗ <u>부동산등기법 제90조의3 제2항의 규정에 의한 통지</u>(합필제한요건에 해당하는 등기가 있는 경우 합필등기각하시 등기관은 지적공부소관청에 통지함)가 있는 경우(지적소관청 착오로 잘못 합병한 경우에 한함)

ⓘ 면적환산이 잘못된 경우

ⓙ 등록전환시 임야대장의 면적과 등록전환될 면적의 차이가 일정한 오차의 허용범위 (이내)인 경우에는 등록전환될 면적을 등록전환면적으로 결정하고, 허용범위를 (초과)하는 경우에는 임야대장의 면적 또는 임야도의 경계를 소관청이 <u>직권으로 정정하여야 한다</u>(지적법 시행령 제42조 제1항 제1호 나목).

⑦ **축척변경위원회의 구성**(5인 이상 10인 이내로 <u>토지소유자가 (   ) 이상)</u>

위원은 (   )와 (   )

중 지적소관청이 위촉 – 시행지역 안의 토지소유자가 ( )인 이하인 때에는 소유자 전원을 위촉, 위원장은 위원 중 (   )이 지명

3. 지적소관청의 직권정정 사유

ⓐ (_____)의 내용과 다르게 정리된 경우

ⓑ 지적도 및 임야도에 등록된 필지가 <u>면적의 증감 (   )</u> 경계의 위치만 잘못된 경우

ⓒ 1필지가 각각 다른 지적도 또는 임야도에 등록되어 있는 경우로서 지적공부에 등록된 면적과 측량한 <u>실제 면적은 (   )</u>하지만 지적도 또는 임야도에 등록된 경계가 서로 접합되지 아니하여 지적도 또는 임야도에 등록된 경계를 지상의 경계에 맞추어 정정하여야 하는 토지가 발견된 경우

ⓓ 지적공부의 작성 또는 재작성 당시 <u>잘못 정리된 경우</u>

ⓔ (_____)와 다르게 정리된 경우

ⓕ (   )에 의하여 지적공부의 등록 사항을 정정하여야 하는 경우

ⓖ 지적공부의 등록사항이 <u>잘못 입력된 경우</u>

ⓗ <u>부동산등기법 제90조의3 제2항의 규정에 의한 통지</u>(합필제한요건에 해당하는 등기가 있는 경우 합필등기각하시 등기관은 지적공부소관청에 통지함)가 있는 경우(지적소관청 착오로 잘못 합병한 경우에 한함)

ⓘ <u>면적환산이 잘못된 경우</u>

ⓙ 등록전환시 임야대장의 면적과 등록전환될 면적의 차이가 일정한 오차의 허용범위 (   )인 경우에는 등록전환될 면적을 등록전환면적으로 결정하고, 허용범위를 (   )하는 경우에는 임야대장의 면적 또는 임야도의 경계를 소관청이 <u>직권으로 정정하여야 한다</u>(지적법 시행령 제42조 제1항 제1호 나목).

4. 지적정리

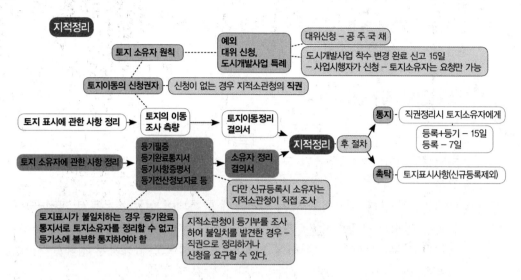

① 토지이동의 신청

> • 원칙 : 토지소유자의 신청(신청이 없으면 지적소관청이 직권으로)
> • 예외 : ⓐ 특례(도시개발사업 시행자의 신청)와 ⓑ 대위신청(공주국채)

ⓐ 「도시개발법」에 따른 도시개발사업의 시행자는 그 사업의 착수·변경 또는 완료 사실의 신고를 그 사유가 발생한 날부터 (15)일 이내에 (지적소관청)에게 하여야 한다.

ⓑ 도시개발사업 등의 사업의 착수 또는 변경의 신고가 된 토지의 소유자가 해당 토지의 이동을 원하는 경우에는 해당 (사업의 시행자)에게 그 토지의 이동을 신청하도록 요청하여야 한다.

ⓒ 「농어촌정비법」에 따른 농어촌정비사업의 사업시행자가 지적소관청에 토지의 이동을 신청한 경우 토지의 이동은 토지의 형질변경 등의 공사가 (준공된) 때에 이루어진 것으로 본다.

ⓓ 공공사업 등으로 인하여 학교용지·도로·철도용지 등의 지목으로 되는 토지의 경우 그 사업시행자는 토지소유자가 하여야 하는 신청을 대위하여 할 수 (있다).

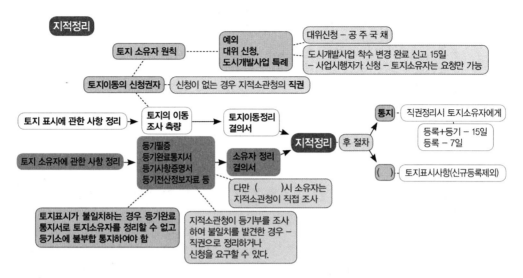

4. 지적정리

① **토지이동의 신청**

- 원칙: 토지소유자의 신청(신청이 없으면 지적소관청이 직권으로)
- 예외: ⓐ 특례(도시개발사업 시행자의 신청)와 ⓑ 대위신청(   )

㉠ 「도시개발법」에 따른 도시개발사업의 시행자는 그 사업의 착수·변경 또는 완료 사실의 신고를 그 사유가 발생한 날부터 (   )일 이내에 (   )에게 하여야 한다.

㉡ 도시개발사업 등의 사업의 착수 또는 변경의 신고가 된 토지의 소유자가 해당 토지의 이동을 원하는 경우에는 해당 (   )에게 그 토지의 이동을 신청하도록 요청하여야 한다.

㉢ 「농어촌정비법」에 따른 농어촌정비사업의 사업시행자가 지적소관청에 토지의 이동을 신청한 경우 토지의 이동은 토지의 형질변경 등의 공사가 (   ) 때에 이루어진 것으로 본다.

㉣ 공공사업 등으로 인하여 학교용지·도로·철도용지 등의 지목으로 되는 토지의 경우 그 사업시행자는 토지소유자가 하여야 하는 신청을 대위하여 할 수 (   ).

② **소유자 변경 정리**

㉠ 등기필증, 등기완료통지서, 등기사항증명서 또는 등기관서에서 제공한 등기전산정보자료에 따라 정리한다. 다만, (신규등록)하는 토지의 소유자는 (지적소관청)이 직접 조사하여 등록한다.

㉡ 등기부에 적혀 있는 토지의 표시가 지적공부와 일치하지 아니하면 ㉠에 따라 토지소유자를 정리할 수 (없다). 이 경우 토지의 표시와 지적공부가 일치하지 아니하다는 사실을 관할 등기관서에 통지하여야 한다(불부합 통지, 법 제88조 제3항).

㉢ 지적소관청은 필요한 때에는 지적공부와 등기부의 부합 여부를 조사, 확인하여야 하고 불부합을 발견한 경우 직권으로 지적공부를 정리하거나 토지소유자(이해관계인)에게 부합에 필요한 신청을 하도록 요구할 수 있다(이때 열람 등 수수료는 무료).

▶ **지적정리**

토지표시에 관한 정리 – 측량, 조사 → (토지이동정리결의서) 작성 ↘

　　　　　　　　　　　　　　　　　　　　　　　　지적공부 정리

　소유자에 관한 정리 – 등기부 조사 → 소유자정리결의서 작성 ↗

정리 후	등기소에 촉탁(토지표시사항) – 지체 없이
	소유자에 통지(직권, 대위 등) – (등록 – 7일/ 등록 + 등기 – 15일) (통지받을 자의 주소(또는 거소)를 모를 때 일간신문, 해당 시·군·구의 공보 또는 인터넷홈페이지에 공고)

---

③ **지적정리 후 등기촉탁**(지적소관청이 (등기소)에게)

토지표시의 변경에 관한 등기를 할 필요가 있는 다음의 경우 지적소관청은 등기소에 지체없이 등기를 촉탁한다(국가가 국가를 위하여 하는 등기로 본다)
① 등록전환, 분할, 합병, 지목변경 등의 토지이동정리를 한 경우((신규등록) 제외)
② 지번변경을 한 때
③ 행정구역개편으로 새로이 지번을 정한 때
④ (축척변경)한 때
⑤ (바다로 된 토지를 등록말소) 한 때
⑥ 지적소관청이 직권 등록 정정한 때
　(소유자 변경 제외)

② **소유자 변경 정리**

　㉠ 등기필증, 등기완료통지서, 등기사항증명서 또는 등기관서에서 제공한 등기전산정보자료에 따라 정리한다. 다만, (＿＿＿＿＿)하는 토지의 소유자는 (＿＿＿＿＿)이 직접 조사하여 등록한다.

　㉡ 등기부에 적혀 있는 토지의 표시가 지적공부와 일치하지 아니하면 ㉠에 따라 토지소유자를 정리할 수 (　　). 이 경우 토지의 표시와 지적공부가 일치하지 아니하다는 사실을 관할 등기관서에 통지하여야 한다(불부합 통지, 법 제88조 제3항).

　㉢ 지적소관청은 필요한 때에는 지적공부와 등기부의 부합 여부를 조사, 확인하여야 하고 불부합을 발견한 경우 직권으로 지적공부를 정리하거나 토지소유자(이해관계인)에게 부합에 필요한 신청을 하도록 요구할 수 있다(이때 열람 등 수수료는 무료).

▶ **지적정리**

토지표시에 관한 정리 – 측량, 조사 → (　　　　　　　　) 작성 ↘	
지적공부 정리	
소유자에 관한 정리 – 등기부 조사 → 소유자정리결의서 작성 ↗	

정리 후	등기소에 촉탁(토지표시사항) – 지체 없이
	소유자에 통지(직권, 대위 등) – (등록 – 7일/ 등록 + 등기 – 15일)
	(통지받을 자의 주소(또는 거소)를 모를 때 일간신문, 해당 시·군·구의 공보 또는 인터넷홈페이지에 공고)

---

③ **지적정리 후 등기촉탁**(지적소관청이 (　　　)에게)

> 토지표시의 변경에 관한 등기를 할 필요가 있는 다음의 경우 지적소관청은 등기소에 지체없이 등기를 촉탁한다(국가가 국가를 위하여 하는 등기로 본다)
> ① 등록전환, 분할, 합병, 지목변경 등의 토지이동정리를 한 경우((　　　　) 제외)
> ② 지번변경을 한 때
> ③ 행정구역개편으로 새로이 지번을 정한 때
> ④ (　　　　)한 때
> ⑤ (　　　　　　　　　　) 한 때
> ⑥ 지적소관청이 직권 등록 정정한 때
> 　　(소유자 변경 제외)

④ **지적정리 후 통지**(지적소관청이 (토지소유자)에게)

주소(거소)를 알 수 없는 경우 일간신문, 해당 시·군·구의 공보 또는 인터넷 홈페이지에 공고하여야 한다.

지적정리의 통지대상

1. 지적소관청이 토지소유자의 신청이 없어서 토지이동이 있는 때에 직권으로 조사·측량하여 지적공부를 정리할 때
2. 지번부여지역 내 전부 또는 일부의 지번을 변경한 때
3. 행정구역 개편으로 새로이 지번을 부여한 때
4. 지적공부를 (복구)한 때
5. 바다로 된 토지의 등록을 직권으로 말소한 때
6. 지적공부의 등록사항의 오류를 직권으로 정정할 때
7. 도시개발사업 등에 따른 토지이동으로 사업시행자의 신청에 의하여 지적을 정리한 때
8. 토지이동의 대위신청에 의하여 지적을 정리한 때
9. (지적소관청이 토지표시변경에 대하여 등기소에 <u>등기촉탁한 때</u>)
   ☼ <u>토지소유자의 신청에 의한 신규등록, 소유자의 변경사항 정리 등의 경우에는 통지 사유 아님</u>

㉠ 등기를 요하는 경우: (등기완료통지서를 접수)한 날로부터 (15)일 이내
㉡ 등기를 요하지 아니하는 경우: (지적공부에 등록)한 날로부터 (7)일 이내

④ **지적정리 후 통지**(지적소관청이 (   )에게)

주소(거소)를 알 수 없는 경우 일간신문, 해당 시·군·구의 공보 또는 인터넷 홈페이지에 공고하여야 한다.

지적정리의 통지대상

1. 지적소관청이 토지소유자의 신청이 없어서 토지이동이 있는 때에 직권으로 조사·측량하여 지적공부를 정리할 때
2. 지번부여지역 내 전부 또는 일부의 지번을 변경한 때
3. 행정구역 개편으로 새로이 지번을 부여한 때
4. 지적공부를 (   )한 때
5. 바다로 된 토지의 등록을 직권으로 말소한 때
6. 지적공부의 등록사항의 오류를 직권으로 정정할 때
7. 도시개발사업 등에 따른 토지이동으로 사업시행자의 신청에 의하여 지적을 정리한 때
8. 토지이동의 대위신청에 의하여 지적을 정리한 때
9. (   )
   ☆ 토지소유자의 신청에 의한 신규등록, 소유자의 변경사항 정리 등의 경우에는 통지 사유 아님

㉠ 등기를 요하는 경우: (   )한 날로부터 (   )일 이내

㉡ 등기를 요하지 아니하는 경우: (   )한 날로부터 (   )일 이내

THEMA 04 지적측량

1. 의의

① '지적측량'이란 토지를 지적공부에 등록하거나 지적공부에 등록된 경계점을 지상에 복원하기 위하여 필지의 경계 또는 좌표와 면적을 정하는 측량을 말하며, (지적확정측량) 및 (지적재조사측량)을 포함한다.

> 기초측량 - 지적측량기준점을 설치하기 위한 측량 (삼각, 삼각보조, 도근)
> 세부측량 - 신규등록, 등록전환, 복구, 분할, 지적확정측량 등. 단 현·경 은 검사 ×

② 지상건축물 등의 현황을 지적도 및 임야도에 등록된 경계와 대비하여 표시하는 지적 측량을 (지적현황측량)이라 한다.

③ 지적측량이 필요한 경우(검사측량, 지적재조사측량 (제외))에는 (지적측량수행자)에 게 의뢰한다.

④ 토지소유자 등이 지적측량수행자에 지적측량의뢰, 지적측량수행자는 다음 날까지 (지 적소관청)에 (지적측량수행계획서) 제출

☑ **측량기간 및 측량 검사기간**

구 분	측량기간	검사기간
지역 불문	(5)일	(4)일
협의 또는 계약	협의 기간의 (3/4)	협의기간의(1/4)
지적측량기준점설치	(15)점 이하는 (4)일, (15)점 초과는 (4)점 증가시마다 (4)일에 (1)일 가산	

THEMA 04 지적측량

1. 의의

① '지적측량'이란 토지를 지적공부에 등록하거나 지적공부에 등록된 경계점을 지상에 복원하기 위하여 필지의 경계 또는 좌표와 면적을 정하는 측량을 말하며, (   ) 및 (   )을 포함한다.

> ┌ 기초측량 − 지적측량기준점을 설치하기 위한 측량 (삼각, 삼각보조, 도근)
> └ 세부측량 − 신규등록, 등록전환, 복구, 분할, 지적확정측량 등. 단 현·경 은 검사 ×

② 지상건축물 등의 현황을 지적도 및 임야도에 등록된 경계와 대비하여 표시하는 지적측량을 (   )이라 한다.

③ 지적측량이 필요한 경우(검사측량, 지적재조사측량 (   ))에는 (   )에게 의뢰한다.

④ 토지소유자 등이 지적측량수행자에 지적측량의뢰, 지적측량수행자는 다음 날까지 (   )에 (   ) 제출

☑ **측량기간 및 측량 검사기간**

구 분	측량기간	검사기간
지역 불문	( )일	( )일
협의 또는 계약	협의 기간의 ( )	협의기간의 ( )
지적측량기준점설치	( )점 이하는 ( )일, ( )점 초과는 ( )점 증가시마다 ( )일에 ( )일 가산	

2. 지적위원회와 지적측량적부심사

① **지적측량적부 심사청구**(서) : (시·도지사)를 거쳐 (지방)지적위원회에

② **지적측량적부 재심사청구**(서) : (국토교통부장관)을 거쳐 (중앙)지적위원회에

⑴ 중앙지적위원회의 심의 의결사항

　① 지적 관련 (정책) 개발 및 업무 개선 등에 관한 사항

　② 지적측량(기술)의 연구·개발 및 보급에 관한 사항

　③ 지적측량 적부심사(適否審査)에 대한 (재심사)(再審査)

　④ 측량기술자 중 지적분야 측량기술자(이하 "지적기술자"라 한다)의 (양성)에 관한 사항

　⑤ 지적기술자의 업무정지 처분 및 (징계)요구에 관한 사항

⑵ 중앙지적위원회의 구성 및 회의

　① 위원장 및 부위원장 각 1인을 포함하여 (5)인 이상 (10)인이내의 위원으로 구성

　② 위원장 : 국토교통부 (지적업무담당국장), 부위원장은 (지적업무담당과장)이 된다.

　③ 위원 : 지적에 관한 학식과 경험이 풍부한 사람 중에서 국토교통부장관이 임명 또는 위촉

　④ 위원장 및 부위원장을 (제외)한 위원의 임기는 (2)년으로 한다.

　⑤ 회의는 재적위원과반수의 출석으로 개의하고 출석위원과반수의 찬성으로 의결한다.

　⑥ 위원장이 위원회의 회의를 소집하는 때에는 회의일시 장소 및 심의안건을 회의 (5)일 전까지 각 위원에게 서면으로 통지하여야 한다.

　　　　　　　　　　　　지체없이　　심사의결서

지적측량적부심사 청구 → 시·도지사　⇆　지방지적위원회

　　　　　　　조사(30일)　심의의결(60일)

　　　　　　　　　　　　(+ 1차에 한해 의결로서 30일까지 연장)

　　　　　　　　　　　　지체없이　　심사의결서

지적측량적부재심사 청구 → 국토부장관　⇆　중앙지적위원회

　　　　　　　조사(30일)　심의의결(60일)

　　　　　　　　　　　　(+ 1차에 한해 의결로서 30일까지 연장)

의결서를 받은 자가 지방지적위원회의 의결에 불복하는 경우에는 그 의결서를 받은 날부터 (90)일 이내에 국토교통부장관을 거쳐 중앙지적위원회에 재심사를 청구할 수 있다.

2. 지적위원회와 지적측량적부심사

① **지적측량적부 심사청구**(서) : (   )를 거쳐 (   )지적위원회에

② **지적측량적부 재심사청구**(서) : (   )을 거쳐 (   )지적위원회에

⑴ 중앙지적위원회의 심의 의결사항

① 지적 관련 (____) 개발 및 업무 개선 등에 관한 사항

② 지적측량(____)의 연구·개발 및 보급에 관한 사항

③ 지적측량 적부심사(適否審査)에 대한 (   )(再審査)

④ 측량기술자 중 지적분야 측량기술자(이하 "지적기술자"라 한다)의 (____)에 관한 사항

⑤ 지적기술자의 업무정지 처분 및 (____)요구에 관한 사항

⑵ 중앙지적위원회의 구성 및 회의

① 위원장 및 부위원장 각 1인을 포함하여 ( )인 이상 ( )인이내의 위원으로 구성

② 위원장 : 국토교통부 (   ), 부위원장은 (   )이 된다.

③ 위원 : 지적에 관한 학식과 경험이 풍부한 사람 중에서 국토교통부장관이 임명 또는 위촉

④ 위원장 및 부위원장을 ( )한 위원의 임기는 ( )년으로 한다.

⑤ 회의는 재적위원과반수의 출석으로 개의하고 출석위원과반수의 찬성으로 의결한다.

⑥ 위원장이 위원회의 회의를 소집하는 때에는 회의일시 장소 및 심의안건을 회의 ( )일 전까지 각 위원에게 서면으로 통지하여야 한다.

지적측량적부<u>심사</u> 청구 → 시·도지사   지체없이 / 심사의결서   ⇆   지방지적위원회

조사( )   심의의결( )

(+1차에 한해 의결로서   까지 연장)

지적측량적부<u>재심사</u> 청구 → 국토부장관   지체없이 / 심사의결서   ⇆   중앙지적위원회

조사( )   심의의결( )

(+1차에 한해 의결로서   까지 연장)

의결서를 받은 자가 지방지적위원회의 의결에 불복하는 경우에는 그 의결서를 받은 날부터 ( )일 이내에 국토교통부장관을 거쳐 중앙지적위원회에 재심사를 청구할 수 있다.

구 분	측량성과의 보존관리	측량성과의 열람 신청	통 보	지적기준점 표지 관리
지적삼각점	(시·도지사)	(시·도지사 또는 지적소관청에게)	(지적소관청 ⇨ 시·도지사)	(지적소관청)은 연1회이상 지적 기준점표지 이상 유무조사
지적삼각보조점	지적소관청	지적소관청에게	·	
지적도근점	지적소관청	지적소관청에게	·	

구 분	측량성과의 보존관리	측량성과의 열람 신청	통 보	지적기준점 표지 관리
지적삼각점	( )	( )	( )	(_____)은 연1회이상 지적 기준점표지 이상 유무조사
지적삼각보조점	지적소관청	지적소관청에게	·	
지적도근점	지적소관청	지적소관청에게	·	

PART

02

부동산등기법

☑ **토지등기기록**(토지 1등기기록) **견본**

[토지] 충청북도영동군 매곡면 어촌리 산 123-2　　　　고유번호 1515-0000-000000

[표제부]		(토지의 표시)			
표시번호	접수	소재지번	지목	면적	등기원인 및 기타사항
1	1997년 6월 5일	충청북도 영동군 매곡면 어촌리 산 123-2	임야	3948m^2	

[갑구]				(소유권에 관한 사항)
순위번호	등기목적	접수	등기원인	권리자 및 기타사항
1	소유권보존	1970년 7월 7일 제3867호		소유자　김철수 서울 은평구 응암동 ####
2	소유권이전	2018년 11월 1일 제11616호	2018년 11월 1일 증여	소유자　김정환 0902**-******* 경기도 김포시 김포대로 926번길 #####

[을구]				(소유권 외의 권리에 관한 사항)
순위번호	등기목적	접수	등기원인	권리자 및 기타사항
1	저당권설정	2019년 8월 10일 제98765호	2019년 8월 5일 설정계약	채권액　금 10,000,000원 채무자　김병렬 　　　　경기도 김포시 김포대로 ### 저당권자 충북농업협동조합 　　　　124436-****** 　　　　충청북도 영동군 ####

* 위 견본은 실제 양식과 차이가 있을 수 있으며, 학습목적으로 가공된 것으로서 모두 실제 내용이 아닙니다.

☑ **토지등기기록**(토지 1등기기록) **견본**

[토지] 충청북도영동군 매곡면 어촌리 산 123-2   고유번호 1515-0000-000000

[ ]			( )				
( )	( )	( )		( )	( )	등기원인 및 기타사항	
1	1997년 6월 5일	충청북도 영동군 매곡면 어촌리 산 123-2		임야	3948m²		

[ ]		( )			
( )	( )	( )	( )	( )	
1	소유권보존	1970년 7월 7일 제3867호		소유자 김철수 서울 은평구 응암동 ###	
2	소유권이전	2018년 11월 1일 제11616호	2018년 11월 1일 증여	소유자 김정환 0902**-******* 경기도 김포시 김포대로 926번길 #####	

[ ]	(소유권 외의 권리에 관한 사항)			
순위번호	등기목적	접수	등기원인	권리자 및 기타사항
1	저당권설정	2019년 8월 10일 제98765호	2019년 8월 5일 설정계약	채권액 금 10,000,000원 채무자 김병렬 경기도 김포시 김포대로 ### 저당권자 충북농업협동조합 124436-****** 충청북도 영동군 ####

* 위 견본은 실제 양식과 차이가 있을 수 있으며, 학습목적으로 가공된 것으로서 모두 실제 내용이 아닙니다.

소유권(일부)이전등기신청

접수	년 월 일 제 호	처리인	등기관 확인	각종 통지

부동산의 표시(거래신고관리번호/거래가액)

충청북도 영동군 매곡면 어촌리 산 123-2 임야 3948m²

거래신고관리번호 :　　　　　　　거래가액 :

등기원인과 그 연월일	2018년 11월 1일 증여
등기의 목적	소유권(일부) 이전
이전할 지분	

구분	성명 (상호·명칭)	주민등록번호 (등기용 등록번호)	주소(소재지)	지분 (개인별)
등기의무자	김철수	430728-*******	서울 은평구 응암동 123	
등기권리자	김정환	090325-*******	경기도 김포시 김포대로 926번길 46 701동 801호	

* 위 견본은 실제 양식과 차이가 있을 수 있으며, 학습목적으로 가공된 것으로서 모두 실제 내용이 아닙니다.

소유권(일부)이전등기신청			
접수	년　월　일 제　　　　호	처리인	등기관 확인	각종 통지

(　　　　　　　)(거래신고관리번호/거래가액)

충청북도 영동군 매곡면 어촌리 산 123-2 임야 3948m^2

거래신고관리번호 : 　　　　　　　　　거래가액 :

(　　　　　)	2018년 11월 1일 증여
(　　　　　)	소유권(일부) 이전
이전할 지분	

구분	성명 (상호·명칭)	주민등록번호 (등기용 등록번호)	주소(소재지)	지분 (개인별)
⌒ ⌣	김철수	430728-*******	서울 은평구 응암동 123	
⌒ ⌣	김정환	090325-*******	경기도 김포시 김포대로 926번길 46 701동 801호	

* 위 견본은 실제 양식과 차이가 있을 수 있으며, 학습목적으로 가공된 것으로서 모두 실제 내용이 아닙니다.

등기필정보 및 등기완료통지

권 리 자: 김갑동
(주민)등록번호: 451111-*******
주   소: 서울특별시 서초구 서초동 123-4
부동산고유번호: 1102-2006-002634
부 동 산 소 재: [토지] 서울특별시 서초구 서초동 362-24
접 수 일 자: ○○○○년 ○월 ○○일   접 수 번 호: 9578
등 기 목 적: (소유권이전)
등기원인및일자: ○○○○년 ○월 ○○일 매매

부착기준선

(일련번호): WTDI-UPRV-P6H1

(비밀번호) (기재순서: 순번-비밀번호)

01-7952	11-7072	21-2009	31-8842	41-3168
02-5790	12-7320	22-5102	32-1924	42-7064
03-1568	13-9724	23-1903	33-1690	43-4443
04-8861	14-8752	24-5554	34-3155	44-6994
05-1205	15-8608	25-7023	35-9695	45-2263
06-8893	16-5164	26-3856	36-6031	46-2140
07-5311	17-1538	27-2339	37-8569	47-3151
08-3481	18-3188	28-8119	38-9800	48-5318
09-7450	19-7312	29-1505	39-6977	49-1314
10-1176	20-1396	30-3488	40-6557	50-6459

○○○○ 년 ○월 ○○일

서울중앙지방법원 등기국

※ 등기필정보 사용방법 및 주의사항

◆ 보안스티커 안에는 다음 번 등기신청시에 필요한 일련번호와 50개의 비밀번호가 기재되어 있습니다.

◆ 등기신청시 보안스티커를 떼어내고 일련번호와 비밀번호 1개를 임의로 선택하여 해당 순번과 함께 신청서에 기재하면 종래의 등기필증을 첨부한 것과 동일한 효력이 있으며, 등기필정보 및 등기완료 통지서면 자체를 첨부하는 것이 아님에 유의하시기 바랍니다.

◆ 따라서 등기신청시 등기필정보 및 등기완료통지서면을 거래상대방이나 대리인에게 줄 필요가 없고, 대리인에게 위임한 경우에는 일련번호와 비밀번호 50개 중 1개와 해당 순번만 알려주시면 됩니다.

☞ 등기필정보 및 등기완료통지서는 종래의 등기필증을 대신하여 발행된 것으로 분실시 재발급되지 아니하니 보관에 각별히 유의하시기 바랍니다.

등기필정보 및 등기완료통지

권 리 자 : 김갑동
(주민)등록번호 : 451111-*******
주 소 : 서울특별시 서초구 서초동 123-4
부동산고유번호 : 1102-2006-002634
부 동 산 소 재 : [토지] 서울특별시 서초구 서초동 362-24
접 수 일 자 : ○○○○년 ○월 ○○일   접 수 번 호 : 9578
등 기 목 적 : (   )
등기원인및일자 : ○○○○년 ○월 ○○일 매매

부착기준선

(   ) : WTDI-UPRV-P6H1
(   ) (기재순서 : 순번-비밀번호)

01-7952	11-7072	21-2009	31-8842	41-3168
02-5790	12-7320	22-5102	32-1924	42-7064
03-1568	13-9724	23-1903	33-1690	43-4443
04-8861	14-8752	24-5554	34-3155	44-6994
05-1205	15-8608	25-7023	35-9695	45-2263
06-8893	16-5164	26-3856	36-6031	46-2140
07-5311	17-1538	27-2339	37-8569	47-3151
08-3481	18-3188	28-8119	38-9800	48-5318
09-7450	19-7312	29-1505	39-6977	49-1314
10-1176	20-1396	30-3488	40-6557	50-6459

○○○○ 년 ○월 ○○일

서울중앙지방법원 등기국

※ 등기필정보 사용방법 및 주의사항
◈ 보안스티커 안에는 다음 번 등기신청시에 필요한 일련번호와 50개의 비밀번호가 기재되어 있습니다.
◈ 등기신청시 보안스티커를 떼어내고 일련번호와 비밀번호 1개를 임의로 선택하여 해당 순번과 함께 신청서에 기재하면 종래의 등기필증을 첨부한 것과 동일한 효력이 있으며, 등기필정보 및 등기완료 통지서면 자체를 첨부하는 것이 아님에 유의하시기 바랍니다.
◈ 따라서 등기신청시 등기필정보 및 등기완료통지서면을 거래상대방이나 대리인에게 줄 필요가 없고, 대리인에게 위임한 경우에는 일련번호와 비밀번호 50개 중 1개와 해당 순번만 알려주시면 됩니다.
☞ 등기필정보 및 등기완료통지서는 종래의 등기필증을 대신하여 발행된 것으로 분실시 재발급되지 아니하니 보관에 각별히 유의하시기 바랍니다.

☑ 변경등기

[갑구]	(소유권에 관한 사항)			
순위 번호	등기목적	접수	등기원인	권리자 및 기타사항
1	소유권보존	1970년 7월 7일 제3867호		소유자　김철수 서울시 은평구 **
2	소유권이전	~~2018년 11월 1일 제11616호~~	~~2018년 11월 1일 증여~~	~~소유자　김정환~~ 경기도 김포시 김포대로###
2-1	2번 등기명의인 표시 (변경)	2018년 12월 1일 제11717호	2018년 11월 29일 개명	김정환의 성명(명칭) 김하늘

☑ 경정등기

[갑구]	(소유권에 관한 사항)			
순위 번호	등기목적	접수	등기원인	권리자 및 기타사항
1	소유권보존	1970년 7월 7일 제3867호		소유자　김철수 서울시 은평구 **
2	소유권이전	~~2018년 11월 1일 제11616호~~	~~2018년 11월 1일 증여~~	~~소유자　김중환~~ 경기도 김포시 김포대로###
2-1	2번 등기명의인 표시 (경정)	2018년 12월 1일 제11718호	신청착오	김중환의 성명(명칭) 김정환

☑ **변경등기**

순위 번호	등기목적	접수	등기원인	권리자 및 기타사항
[갑구]		(소유권에 관한 사항)		
1	소유권보존	1970년 7월 7일 제3867호		소유자　김철수 서울시 은평구 **
2	소유권이전	~~2018년 11월 1일~~ ~~제11616호~~	~~2018년 11월 1일~~ ~~증여~~	소유자　~~김정환~~ 경기도 김포시 김포대로###
2-1	2번 등기명의인 표시 (　)	2018년 12월 1일 제11717호	2018년 11월 29일 개명	김정환의 성명(명칭) 김하늘

☑ **경정등기**

순위 번호	등기목적	접수	등기원인	권리자 및 기타사항
[갑구]		(소유권에 관한 사항)		
1	소유권보존	1970년 7월 7일 제3867호		소유자　김철수 서울시 은평구 **
2	소유권이전	~~2018년 11월 1일~~ ~~제11616호~~	~~2018년 11월 1일~~ ~~증여~~	소유자　~~김중환~~ 경기도 김포시 김포대로###
2-1	2번 등기명의인 표시 (　)	2018년 12월 1일 제11718호	신청착오	김중환의 성명(명칭) 김정환

☑ **직권소유권보존등기**

[건물] 경기도 김포시 북변동 250　　　　　　　　고유번호 0000-0000-000000

[표제부]			(건물의 표시)	
표시 번호	접수	소재지번, 건물명칭 및 번호	건물내역	등기원인 및 기타사항
1	2011년 3월 5일	경기도 김포시 북변동 250	시멘트 블록조 기와지붕 주택 1층200m^2	
2				건축법상 사용승인받지 않은 건물임

[갑구]			(소유권에 관한 사항)	
순위 번호	등기목적	접수	등기원인	권리자 및 기타사항
1	소유권보존			소유자　김병렬 ******-******* 경기도 김포시 풍무동 100
2	가처분	2011년 3월 5일	2011년 3월 2일 서울중앙지방법원의 가처분결정 (2011 카합 202)	피보전권리 소유권이전등기청구권 채권자　박명수 ******-******* 경기도 안양시 ### 금지사항　양도, 담보권설정 기타 일체의 처분행위 금지

☑ **가등기에 기한 본등기 예시**

[갑구]	(소유권에 관한 사항)			
순위 번호	등기목적	접수	등기원인	권리자 및 기타사항
1	소유권보존	2004년 5월 4일 제3541호		소유자　　이정재
2	소유권이전 청구권가등기	2009년 2월 23일 제1235호	2009년 2월 22일 매매예약	가등기권자 정우성 ******-******* 서울특별시 종로구 숭인동 ###
	소유권이전	2009년 4월 25일 제2345호	2009년 4월 24일 매매	소유자　　정우성 ******-******* 서울특별시 종로구 숭인동 ### 거래가액　금 300,000,000원
3	소유권이전	2009년 3월 5일 제1345호	2009년 3월 4일 매매	김태평
4	3번 소유권이전 말소			2번 가등기의 본등기로 인하여 2009년 4월 25일 등기

[을구]	(소유권 외의 권리에 관한 사항)			
순위 번호	등기목적	접수	등기원인	권리자 및 기타사항
1	근저당권설정	2009년 3월 5일 제1345호	2009년 3월 5일 설정계약	채권최고액 금 50,000,000원 채무자　　김태평 근저당권자 주식회사 국민은행 　　　서울특별시 종로구 ###
2	1번 근저당권설정 등기 말소			갑구2번 가등기의 본등기로 인하여 2009년 4월 25일 등기

[갑구]	(소유권에 관한 사항)			
순위 번호	등기목적	접수	등기원인	권리자 및 기타사항
1	소유권보존	2004년 5월 4일 제3541호		소유자　　서장훈
2	소유권이전 청구권가등기	2009년 2월 23일 제1235호	2009년 2월 22일 매매예약	가등기권자 유재석 ******-******* 서울특별시 종로구 숭인동 ###
	소유권이전	2009년 4월 25일 제2345호	2009년 4월 24일 매매	소유자　　김구라 ******-******* 서울특별시 강남구 00동 ### 거래가액　금 300,000,000원
2-1	2번 소유권이전 청구권이전	2009년 3월 5일 제1345호	2009년 3월 4일 매매	가등기권자 김구라 ******-******* 서울특별시 강남구 00동

[갑구]	(소유권에 관한 사항)			
순위 번호	등기목적	접수	등기원인	권리자 및 기타사항
1	소유권보존	2004년 5월 4일 제3541호		소유자　　서장훈
2	소유권이전 청구권가등기	2009년 2월 23일 제1235호	2009년 2월 22일 매매예약	가등기권자 유재석 ******-******* 서울특별시 종로구 숭인동 ###
2-1	2번 가등기된 소유권이전 청구권가처분	2009년 3월 5일 제1345호	2009년 0월 0월 서울중앙지방 법원의 가처분결정	피보전권리 가등기된 소유권이전청구권 의 이전청구권 채권자　　박명수 ******-******* 서울 강남구 00동 금지사항　양도, 담보권설정 기타 일체 의 처분행위의 금지

☑ **건물 1등기기록**

[건물] 서울시 서초구 서초동 86   고유번호 0000-0000-000000

[표제부]			(건물의 표시)	
표시 번호	접수	소재지번, 건물명칭 및 번호	건물내역	등기원인 및 기타사항
1	~~2004년 5월 4일~~	~~서울특별시 서초구 서초동 86 제1호~~	~~벽돌조 시멘트기와지붕 단층주택 280m2~~	
2	2005년 8월 10일	서울특별시 서초구 서초동 86 제1호	벽돌조 시멘트기와지붕 단층주택 280m^2 부속건물 벽돌조 시멘트기와지붕 단층주택 280m^2	합병으로 인하여 280m^{2}를 서울특별시 서초구 서초동 86 제2호에서 이기

[갑구]			(소유권에 관한 사항)		
순위 번호	등기목적	접수	등기원인	권리자 및 기타사항	
1	소유권보존	1994년 5월 4일 제3541호		소유자	박찬호 73####-******* ~~충청남도 공주시 ##동~~ ~~100-1~~
1-1	1번등기 명의인표시 변경		1996년 4월 20일 전거	주소	박찬호 서울시 강남구 강남대로 #### 2009년 6월 12일 부기
2	소유권이전	2009년 6월 12일 제4567호	2009년 5월 12일 매매	소유자 거래가액	김병렬 73####-******* 서울특별시 은평구 은평로 120 금 500,000,000원
3	가압류	2012년 3월 10일 제2032호	2012년 3월 9일 인천지방법원의 가압류결정 (2012 카단 210)	청구금액 채권자	금 100,000,000원 강호동 ******-******* 서울특별시 강남구 ###

[갑구]	(소유권에 관한 사항)			
순위 번호	등기목적	접수	등기원인	권리자 및 기타사항
1	소유권보존	1995년 3월 8일 제152호		소유자 서태웅 서울시 송파구 **
2	소유권이전	1996년 3월 9일 제309호	1996년 3월 8일 매매	소유자 강백호 서울시 서대문구 ##
3	2번소유권이전 등기 말소	1998년 2월 1일 제203호	1998년 2월 1일 서울중앙지방법원의 확정판결	
4	2번소유권이전 등기 (회복)	2002년 10월 5일 제407호	2002년 6월 7일 서울중앙지방법원의 확정판결	
2	소유권이전	(1996년 3월 9일 제309호)	1996년 3월 8일 매매	소유자 강백호 서울시 서대문구 ## 2002년 10월 5일 등기

[을구]	(소유권 외의 권리에 관한 사항)			
순위 번호	등기목적	접수	등기원인	권리자 및 기타사항
1	전세권설정	2012년 3월 5일 제305호	2012년 3월 4일 설정계약	전세금 금 500,000,000 범위 건물의 전부 전세권자 유재석 710707 -******* 서울특별시 강서구 강서로 38
1-1	1번 전세권 근저당권설정	2012년 3월 15일 제402호	2012년 3월 14일 변경계약	채권최고액 금 10,000,000원 채무자 김병렬 서울시 강서구 근저당권자 조세호
(2)	1-1번 근저당권설정 등기 말소			1번 전세권의 말소로 인하여 2014년 2월 4일 등기
(3)	1번 전세권 말소	2014년 2월 4일	2014년 2월 4일 해지	

[갑구]	(소유권에 관한 사항)			
순위번호	등기목적	접수	등기원인	권리자 및 기타사항
1	소유권보존	1995년 3월 8일 제152호		소유자 서태웅 서울시 송파구 **
2	~~소유권이전~~	~~1996년 3월 9일 제309호~~	~~1996년 3월 8일 매매~~	~~소유자 강백호 서울시 서대문구 ##~~
3	2번소유권이전 등기 말소	1998년 2월 1일 제203호	1998년 2월 1일 서울중앙지방법원의 확정판결	
4	2번소유권이전 등기 ( )	2002년 10월 5일 제407호	2002년 6월 7일 서울중앙지방법원의 확정판결	
2	소유권이전	( )	1996년 3월 8일 매매	소유자 강백호 서울시 서대문구 ## 2002년 10월 5일 등기

[을구]	(소유권 외의 권리에 관한 사항)			
순위번호	등기목적	접수	등기원인	권리자 및 기타사항
1	전세권설정	2012년 3월 5일 제305호	2012년 3월 4일 설정계약	~~전세금 금 500,000,000~~ ~~범위 건물의 전부~~ ~~전세권자 유재석~~ ~~710707 *******~~ ~~서울특별시 강서구~~ ~~강서로 38~~
~~1-1~~	1번 전세권 근저당권설정	2012년 3월 15일 제402호	2012년 3월 14일 변경계약	~~채권최고액 금 10,000,000원~~ ~~채무자 김병렬~~ ~~서울시 강서구~~ ~~근저당권자 조세호~~
( )	1-1번 근저당권설정 등기 말소			1번 전세권의 말소로 인하여 2014년 2월 4일 등기
( )	1번 전세권 말소	2014년 2월 4일	2014년 2월 4일 해지	

☑ **권리 변경등기**(이해관계인이 없는 경우)

[을구]	(소유권 외의 권리에 관한 사항)			
순위 번호	등기목적	접수	등기원인	권리자 및 기타사항
1	전세권설정	2011년 9월 10일 제9876호	2011년 9월 7일 설정계약	전세금　금 200,000,000 범위　　건물의 전부 전세권자　조세호 　　　　710707-******* 　　　　서울특별시 강서구 강서로 38
1-1	1번 전세권 변경	2013년 9월 10일 제9888호	2013년 9월 9일 변경계약	전세금　　금 300,000,000

☑ **권리 변경등기**(이해관계인이 있으나 그의 승낙을 받은 경우)

[을구]	(소유권 외의 권리에 관한 사항)			
순위 번호	등기목적	접수	등기원인	권리자 및 기타사항
1	전세권설정	2011년 9월 10일 제9876호	2011년 9월 7일 설정계약	전세금　금 200,000,000 범위　　건물의 전부 전세권자　조세호 　　　　710707-******* 　　　　서울특별시 강서구 강서로 38
1-1	1번 전세권 변경	2013년 9월 10일 제9888호	2013년 9월 9일 변경계약	전세금　　금 300,000,000
2	저당권설정	(생략)	(생략)	저당권자　　김준호

☑ **권리 변경등기**(이해관계인이 있으나 그의 승낙을 받지 못한 경우)

[을구]	(소유권 외의 권리에 관한 사항)			
순위 번호	등기목적	접수	등기원인	권리자 및 기타사항
1	전세권설정	2011년 9월 10일 제9876호	2011년 9월 7일 설정계약	전세금　금 200,000,000 범위　　건물의 전부 전세권자　조세호 　　　　710707-******* 　　　　서울특별시 강서구 강서로 38
2	저당권설정	(생략)	(생략)	저당권자　　유세윤
3	1번 전세권 변경	2013년 9월 10일 제9888호	2013년 9월 9일 변경계약	전세금　　금 300,000,000

☑ 권리 변경등기(   )

순위번호	등기목적	접수	등기원인	권리자 및 기타사항
[을구]	(소유권 외의 권리에 관한 사항)			
1	전세권설정	2011년 9월 10일 제9876호	2011년 9월 7일 설정계약	전세금　금 200,000,000 범위　건물의 전부 전세권자　조세호 710707-******* 서울특별시 강서구 강서로 38
1-1	1번 전세권 변경	2013년 9월 10일 제9888호	2013년 9월 9일 변경계약	전세금　금 300,000,000

☑ 권리 변경등기(   )

순위번호	등기목적	접수	등기원인	권리자 및 기타사항
[을구]	(소유권 외의 권리에 관한 사항)			
1	전세권설정	2011년 9월 10일 제9876호	2011년 9월 7일 설정계약	전세금　금 200,000,000 범위　건물의 전부 전세권자　조세호 710707-******* 서울특별시 강서구 강서로 38
1-1	1번 전세권 변경	2013년 9월 10일 제9888호	2013년 9월 9일 변경계약	전세금　금 300,000,000
2	저당권설정	(생략)	(생략)	저당권자　김준호

☑ 권리 변경등기(   )

순위번호	등기목적	접수	등기원인	권리자 및 기타사항
[을구]	(소유권 외의 권리에 관한 사항)			
1	전세권설정	2011년 9월 10일 제9876호	2011년 9월 7일 설정계약	전세금　금 200,000,000 범위　건물의 전부 전세권자　조세호 710707-******* 서울특별시 강서구 강서로 38
2	저당권설정	(생략)	(생략)	저당권자　유세윤
3	1번 전세권 변경	2013년 9월 10일 제9888호	2013년 9월 9일 변경계약	전세금　금 300,000,000

☑ **수탁자가 2인 이상인 경우 신탁등기**

[갑구]			(소유권에 관한 사항)	
순위 번호	등기목적	접수	등기원인	권리자 및 기타사항
2	소유권 이전	2019년1월9일 제670호	2019년1월8일 매매	소유자　김흥부　600104-******* 서울특별시 서초구 반 거래가액 금 200,000,000원
3	소유권 이전	2019년5월31일 제3005호	2019년5월30일 신탁	수탁자(합유) 서제비　700204-###### 서울특별시 서초구 반포대로 60(반포동) 박보은　720305-###### 서울특별시 서초구 반포대로 62(반포동)
	신탁			(신탁원부)제2019-25호

* 위 견본은 실제 양식과 차이가 있을 수 있으며, 학습목적으로 가공된 것으로서 모두 실제 내용이 아닙니다.

☑ **환매권등기**

[갑구]			(소유권에 관한 사항)	
순위 번호	등기목적	접수	등기원인	권리자 및 기타사항
1	소유권 보존	2010년 6월 5일 제5789호		소유자　박찬욱 700616-******* 서울 마포구 염리동 81-49
2	소유권 이전	2012년 12월 10일 제37890호	2012년 11월 8일 환매특약부 매매	소유자　봉준호 760402-******* 서울 서초구 서초동 26
2-1	환매특약	2012년 12월 10일 제37890호	2012년 11월 8일 특약	(환매대금) 금 20,000,000원 (매매비용) 금 30,000원 환매기간　2017년 12월 10일까지 환매권자　박찬욱 700616-******* 서울 마포구 염리동 81-49

☑ **수탁자가 2인 이상인 경우 신탁등기**

[갑구]				(소유권에 관한 사항)
순위 번호	등기목적	접수	등기원인	권리자 및 기타사항
2	소유권 이전	2019년1월9일 제670호	2019년1월8일 매매	소유자 김흥부 600104-******* 서울특별시 서초구 반 거래가액 금 200,000,000원
3	소유권 이전	2019년5월31일 제3005호	2019년5월30일 신탁	수탁자(합유) 서제비 700204-###### 서울특별시 서초구 반포대로 60(반포동) 박보은 720305-###### 서울특별시 서초구 반포대로 62(반포동)
	신탁			( )제2019-25호

* 위 견본은 실제 양식과 차이가 있을 수 있으며, 학습목적으로 가공된 것으로서 모두 실제 내용이 아닙니다.

☑ **환매권등기**

[갑구]				(소유권에 관한 사항)
순위 번호	등기목적	접수	등기원인	권리자 및 기타사항
1	소유권 보존	2010년 6월 5일 제5789호		소유자 박찬욱 700616-******* 서울 마포구 염리동 81-49
2	소유권 이전	2012년 12월 10일 제37890호	2012년 11월 8일 환매특약부 매매	소유자 봉준호 760402-******* 서울 서초구 서초동 26
2-1	환매특약	2012년 12월 10일 제37890호	2012년 11월 8일 특약	( ) 금 20,000,000원 ( ) 금 30,000원 환매기간 2017년 12월 10일까지 환매권자 박찬욱 700616-******* 서울 마포구 염리동 81-49

☑ 전세권의 처분제한에 관한 특약이 있는 경우

[을구]	(소유권 외의 권리에 관한 사항)			
순위 번호	등기목적	접수	등기원인	권리자 및 기타사항
1	전세권설정	2003년 3월 5일 제3005호	2003년 3월 4일 설정계약	(전세금) 금 10,000,000원 (범위) 건물 전부 존속기간 2003년 3월 5일부터 2004년 3월 4일까지 특약 전세권자는 전세권설정자의 승낙 없이 전세권을 타인에게 양도, 담보제공, 전전세 또는 임대하지 못한다. 전세권자 김준희 801024-###### 서울특별시 용산구 효자로 24

☑ 저당권이전등기

[을구]	(소유권 외의 권리에 관한 사항)			
순위 번호	등기목적	접수	등기원인	권리자 및 기타사항
1	근저당권 설정	2020년 5월 13일 제405호	2020년 5월 11일 설정계약	~~채권최고액 금 10,000,000원~~ ~~채무자 김채무~~ ~~경기도 김포시 ###~~ ~~근저당권자 신혼은행~~ ~~경기도 김포시 ###~~ ~~****-****~~
~~1-1~~	~~1번~~ ~~근저당권~~ ~~이전~~	2022년 3월 15일 제402호	~~2022년 3월 14일~~ ~~확정채권양도~~	근저당권자 하나둘은행 서울시 강남구 ### ***-&&&

☑ **전세권의 처분제한에 관한 특약이 있는 경우**

[을구]	(소유권 외의 권리에 관한 사항)			
순위 번호	등기목적	접수	등기원인	권리자 및 기타사항
1	전세권설정	2003년3월5일 제3005호	2003년 3월 4일 설정계약	(　　　) 금 10,000,000원 (　　) 건물 전부 존속기간 2003년 3월 5일부터 2004년 3월 4일까지 특약　 전세권자는 전세권설정자의 승낙 없이 전세권을 타인에게 양도, 담보제공, 전전세 또는 임대하지 못한다. 전세권자 김준희 801024-###### 서울특별시 용산구 효자로 24

☑ **저당권이전등기**

[을구]	(소유권 외의 권리에 관한 사항)			
순위 번호	등기목적	접수	등기원인	권리자 및 기타사항
1	근저당권 설정	2020년 5월 13일 제405호	2020년 5월 11일 설정계약	채권최고액 ~~금 10,000,000원~~ 채무자 ~~김채무~~ ~~경기도 김포시 ###~~ 근저당권자 ~~신혼은행~~ ~~경기도 김포시 ###~~ ~~****-****~~
~~1-1~~	~~1번~~ ~~근저당권~~ ~~이전~~	2022년 3월 15일 제402호	2022년 3월 14일 ~~확정채권양도~~	근저당권자 하나둘은행 서울시 강남구 ### ***-&&&

☑ 근저당권의 소멸에 관한 약정이 있는 경우

[을구]	(소유권 외의 권리에 관한 사항)			
순위 번호	등기목적	접수	등기원인	권리자 및 기타사항
1	근저당권설정	2003년 3월 5일 제3005호	2003년 3월 4일 설정계약	채권최고액 금 10,000,000원 채무자 오상직 서울시 종로구 원서동 8 근저당권자 전현모 690725-****** 서울시 종로구 원서동 9
(1-1)	(1번 근저당권 소멸약정)			근저당권자가 사망할 때에는 근저당 권은 소멸한다.

☑ **근저당권의 소멸에 관한 약정이 있는 경우**

[을구]	(소유권 외의 권리에 관한 사항)			
순위번호	등기목적	접수	등기원인	권리자 및 기타사항

1	근저당권설정	2003년 3월 5일
		제3005호
			2003년 3월 4일
			설정계약
				채권최고액 금 10,000,000원
				채무자 오상직
				            서울시 종로구 원서동 8
				근저당권자 전현모 690725－******
				            서울시 종로구 원서동 9

( )	( )			근저당권자가 사망할 때에는 근저당권은 소멸한다.

THEMA 01 등기의 의의

1. 등기절차의 이해

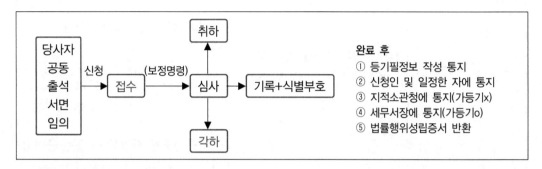

1. 등기관이 등기를 마친 경우, 그 등기는 등기를 마친 때부터 효력을 발생한다. (×)
2. 등기관이 등기를 마친 경우, 그 등기는 접수한 때부터 효력이 생긴다. (○)

⑴ 등기신청은 해당 부동산이 다른 부동산과 구별될 수 있게 하는 정보가 전산정보처리조직에 (저장)된 때 접수된 것으로 본다.

⑵ 등기관이 등기를 마친 경우 그 등기는 (접수)한 때부터 효력을 발생한다.

⑶ 등기관이 등기사무를 처리한 때에는 등기사무를 처리한 등기관이 누구인지 알 수 있는 조치를 하여야 한다.

⑷ '등기관이 등기를 마친 경우'란 등기사무를 처리한 등기관이 누구인지 알 수 있는 조치를 하였을 때를 말한다.

THEMA 01 등기의 의의

1. 등기절차의 이해

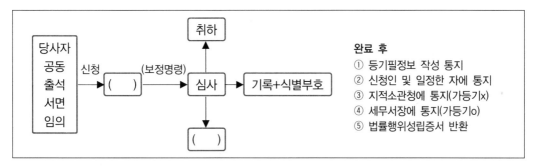

OX지문비교연습

1. 등기관이 등기를 마친 경우, 그 등기는 등기를 마친 때부터 효력을 발생한다. ( )
2. 등기관이 등기를 마친 경우, 그 등기는 접수한 때부터 효력이 생긴다. ( )

(1) 등기신청은 해당 부동산이 다른 부동산과 구별될 수 있게 하는 정보가 전산정보처리조직에 ( )된 때 접수된 것으로 본다.

(2) 등기관이 등기를 마친 경우 그 등기는 ( )한 때부터 효력을 발생한다.

(3) 등기관이 등기사무를 처리한 때에는 등기사무를 처리한 등기관이 누구인지 알 수 있는 조치를 하여야 한다.

(4) '등기관이 등기를 마친 경우'란 등기사무를 처리한 등기관이 누구인지 알 수 있는 조치를 하였을 때를 말한다.

2. 부동산등기의 종류

형식에 의한 분류	주등기(독립등기)	독립된 순위번호(혹은 표시번호)를 붙여서 함
	부기등기	주등기(또는 부기등기)에 부기하여 하는 등기
내용에 의한 분류	기입등기	새로운 등기원인 기재(보존, 소유권이전, 설정등기)
	(경정)등기	등기와 실체관계의 원시적 일부 불일치 시정
	(변경)등기	등기와 실체관계의 후발적 일부 불일치 시정
	(말소)등기	기존등기의 원시적 또는 후발적 전부 부적법
	(말소회복)등기	전부(주) 또는 일부(부기) 부적법 말소등기를 회복
	멸실등기	부동산이 '전부' 멸실된 경우 표제부에 하는 등기

3. 등기할 수 있는 권리

	점유권		(×)	
	소유권		(○)	
물권	용익물권	지상권	(○)	구분지상권도 등기할 수 있는 권리에 해당
		지역권	(○)	
		전세권	(○)	
	담보물권	저당권	(○)	
		질권	(×)	단, 권리질권(채권담보권)은 저당권등기에 부기등기 ○
		유치권	(×)	
채권	임차권		○	등기 없이도 효력 있지만 등기하면 대항력이 발생
	환매권		○	등기 없이도 효력 있지만 등기하면 대항력이 발생

2. 부동산등기의 종류

형식에 의한 분류	주등기(독립등기)	독립된 순위번호(혹은 표시번호)를 붙여서 함
	부기등기	주등기(또는 부기등기)에 부기하여 하는 등기
내용에 의한 분류	기입등기	새로운 등기원인 기재(보존, 소유권이전, 설정등기)
	(　)등기	등기와 실체관계의 원시적 일부 불일치 시정
	(　)등기	등기와 실체관계의 후발적 일부 불일치 시정
	(　)등기	기존등기의 원시적 또는 후발적 전부 부적법
	(　)등기	전부(주) 또는 일부(부기) 부적법 말소등기를 회복
	멸실등기	부동산이 '전부' 멸실된 경우 표제부에 하는 등기

3. 등기할 수 있는 권리

물권		점유권	(　)	
		소유권	(　)	
	용익물권	지상권	(　)	구분지상권도 등기할 수 있는 권리에 해당
		지역권	(　)	
		전세권	(　)	
	담보물권	저당권	(　)	
		질권	(　)	단, 권리질권(채권담보권)은 저당권등기에 부기등기 ○
		유치권	(　)	
채권		임차권	○	등기 없이도 효력 있지만 등기하면 대항력이 발생
		환매권	○	등기 없이도 효력 있지만 등기하면 대항력이 발생

4. 부동산의 일부와 권리의 일부

(1) 부동산의 일부

① 토지 1필지의 일부에 대하여는 「공간정보의 구축 및 관리 등에 관한 법률」상 분할을 선행하지 않고는 소유권을 이전하거나 저당권을 설정하지 못한다.

② 반면에 전세권이나 지상권, 지역권, 임차권과 같은 용익권은 부동산 일부에도 설정이 가능하다.

③ 건물도 1개 건물(1동 건물)단위로 등기대상이 된다. 따라서 1동의 건물을 구분 또는 분할의 절차를 밟기 전에는 건물의 일부에 대한 소유권을 이전하거나 저당권을 설정하지 못한다. 다만, 1동의 건물 일부에 대하여 전세권 등 용익권은 설정할 수 있다.

(2) 권리의 일부

권리의 일부인 지분은 당해 부동산의 전부에 효력이 미치며 그 범위를 특정할 수 없지만 공시는 가능하므로 지분이전등기나 지분을 목적으로 하는 저당권설정등기는 가능하다. 반면에 범위를 특정할 수 없으므로 지분을 목적으로 하는 전세권 등 용익권을 설정할 수는 없다.

구분	소유권보존 등기	소유권이전등기, 저당권설정등기	지상권, 전세권, 임차권설정등기	지역권설정
부동산의 일부	(×)	(×)	(○(도면))	(승역지) 지역권 ○ (요역지) 지역권 ×
권리의 일부	(×)	(○)	(×)	(×)

OX지문비교연습

1. 부동산소유권의 일부이전은 가능하나 1필지의 일부를 분할하지 않는 특정일부의 이전은 인정되지 않는다. (○)

2. 1필지의 토지의 특정된 일부에 대한 분할을 선행하지 않으면 지상권을 설정하지 못한다. (×)

3. 1동의 건물을 구분 또는 분할 절차를 밟기 전에도 건물일부에 대한 전세권설정등기가 가능하다. (○)

4. 건물의 특정 부분이 아닌 공유지분에 대한 전세권설정등기도 가능하다. (×)

5. 공유부동산에 전세권을 설정할 경우, 그 등기기록에 기록된 공유자 전원이 등기의무자이다. (○)

6. 공유부동산 소유자 중 1인의 지분만에 대한 소유권보존등기를 신청한 경우 그 등기신청은 각하되어야 한다. (○)

7. 소유권의 공유지분에 대하여 저당권을 설정할 수 있다. (○)

4. 부동산의 일부와 권리의 일부

(1) 부동산의 일부

① 토지 1필지의 일부에 대하여는 「공간정보의 구축 및 관리 등에 관한 법률」상 분할을 선행하지 않고는 소유권을 이전하거나 저당권을 설정하지 못한다.

② 반면에 전세권이나 지상권, 지역권, 임차권과 같은 용익권은 부동산 일부에도 설정이 가능하다.

③ 건물도 1개 건물(1동 건물)단위로 등기대상이 된다. 따라서 1동의 건물을 구분 또는 분할의 절차를 밟기 전에는 건물의 일부에 대한 소유권을 이전하거나 저당권을 설정하지 못한다. 다만, 1동의 건물 일부에 대하여 전세권 등 용익권은 설정할 수 있다.

(2) 권리의 일부

권리의 일부인 지분은 당해 부동산의 전부에 효력이 미치며 그 범위를 특정할 수 없지만 공시는 가능하므로 지분이전등기나 지분을 목적으로 하는 저당권설정등기는 가능하다. 반면에 범위를 특정할 수 없으므로 지분을 목적으로 하는 전세권 등 용익권을 설정할 수는 없다.

구분	소유권보존등기	소유권이전등기, 저당권설정등기	지상권, 전세권, 임차권설정등기	지역권설정
부동산의 일부	( )	( )	( )	( ) 지역권 ○ ( ) 지역권 ×
권리의 일부	( )	( )	( )	( )

OX지문비교연습

1. 부동산소유권의 일부이전은 가능하나 1필지의 일부를 분할하지 않는 특정일부의 이전은 인정되지 않는다. ( )
2. 1필지의 토지의 특정된 일부에 대한 분할을 선행하지 않으면 지상권을 설정하지 못한다. ( )
3. 1동의 건물을 구분 또는 분할 절차를 밟기 전에도 건물일부에 대한 전세권설정등기가 가능하다. ( )
4. 건물의 특정 부분이 아닌 공유지분에 대한 전세권설정등기도 가능하다. ( )
5. 공유부동산에 전세권을 설정할 경우, 그 등기기록에 기록된 공유자 전원이 등기의무자이다. ( )
6. 공유부동산 소유자 중 1인의 지분만에 대한 소유권보존등기를 신청한 경우 그 등기신청은 각하되어야 한다. ( )
7. 소유권의 공유지분에 대하여 저당권을 설정할 수 있다. ( )

5. 등기를 하여야 효력이 발생하는 물권변동

부동산에 관한 (법률행위)(**예** 매매, 증여, 교환 등)로 인한 물권의 득실변경은 등기를 하여야 그 효력이 발생한다(「민법」 제186조). 이 경우 등기를 물권변동의 효력발생요건 또는 성립요건이라고 한다. 법률규정에 의한 변동과 구별하여야 하며 채권의 변동에도 이 규정이 적용되지 않는다.

6. 등기 없이도 효력이 발생하는 물권변동

(상속), (공용징수), (판결), (경매) 기타 (법률의 규정)에 의한 부동산에 관한 물권의 취득은 등기를 요하지 아니한다. 그러나 등기를 하지 아니하면 이를 처분하지 못한다(「민법」 제187조). 이 경우의 등기는 처분요건으로서의 기능을 한다.

7. 종국등기의 효력

⑴ 권리(물권)변동적 효력

⑵ 대항력

⑶ 순위확정적 효력

① **의의**: 같은 부동산에 관하여 등기한 권리의 순위는 법률에 다른 규정이 없으면 등기한 순서에 따른다(법 제4조).

② **개별 등기의 순위**

㉠ 등기의 순서는 등기기록 중 같은 구(區)에서 한 등기는 (순위번호)에 따르고, 다른 구에서 한 등기는 (접수번호)에 따른다(법 제4조 제2항).

㉡ 부기등기의 순위는 주등기의 순위에 따른다. 그러나 부기등기 상호간의 순위는 그 등기순서에 따른다(법 제5조).

㉢ 가등기에 의한 본등기를 한 경우, 본등기의 순위는 (가등기의 순위)에 따른다(법 제91조).

㉣ 말소회복등기는 처음부터 그러한 말소가 없었던 것과 같은 효력을 보유하게 할 목적으로 행하여진다(대판 95다39526).

⑷ (추정적 효력)

어떤 등기가 있으면 그에 대응하는 실체적 권리관계가 존재하는 것으로 추정되는 효력을 등기의 추정력이라 한다.

① **추정력이 인정되는 경우**

㉠ 저당권설정등기의 경우 저당권의 존재자체뿐만 아니라 이에 상응하는 피담보채권도 존재한다고 추정된다.

5. 등기를 하여야 효력이 발생하는 물권변동

부동산에 관한 (   )(예 매매, 증여, 교환 등)로 인한 물권의 득실변경은 등기를 하여야 그 효력이 발생한다(「민법」 제186조). 이 경우 등기를 물권변동의 효력발생요건 또는 성립요건이라고 한다. 법률규정에 의한 변동과 구별하여야 하며 채권의 변동에도 이 규정이 적용되지 않는다.

6. 등기 없이도 효력이 발생하는 물권변동

(   ), (   ), (   ), (   ) 기타 (   )에 의한 부동산에 관한 물권의 취득은 등기를 요하지 아니한다. 그러나 등기를 하지 아니하면 이를 처분하지 못한다(「민법」 제187조). 이 경우의 등기는 처분요건으로서의 기능을 한다.

7. 종국등기의 효력

(1) 권리(물권)변동적 효력

(2) 대항력

(3) 순위확정적 효력

① **의의**: 같은 부동산에 관하여 등기한 권리의 순위는 법률에 다른 규정이 없으면 등기한 순서에 따른다(법 제4조).

② **개별 등기의 순위**

　㉠ 등기의 순서는 등기기록 중 같은 구(區)에서 한 등기는 (   )에 따르고, 다른 구에서 한 등기는 (   )에 따른다(법 제4조 제2항).

　㉡ 부기등기의 순위는 주등기의 순위에 따른다. 그러나 부기등기 상호간의 순위는 그 등기순서에 따른다(법 제5조).

　㉢ 가등기에 의한 본등기를 한 경우, 본등기의 순위는 (   )에 따른다(법 제91조).

　㉣ 말소회복등기는 처음부터 그러한 말소가 없었던 것과 같은 효력을 보유하게 할 목적으로 행하여진다(대판 95다39526).

(4) (   )

어떤 등기가 있으면 그에 대응하는 실체적 권리관계가 존재하는 것으로 추정되는 효력을 등기의 추정력이라 한다.

① **추정력이 인정되는 경우**

　㉠ 저당권설정등기의 경우 저당권의 존재자체뿐만 아니라 이에 상응하는 피담보채권도 존재한다고 추정된다.

ⓛ 소유권이전등기가 경료되어 있는 경우에 그 등기명의인은 제3자에 대하여 뿐만 아니라 그 전소유자에 대하여서도 적법한 등기원인에 의하여 소유권을 취득한 것으로 추정된다.

② 추정력이 부정되는 경우

㉠ 권리등기가 아닌 부동산의 표시등기에는 추정력이 인정되지 않는다.

ⓛ (가등기)에는 추정력이 인정되지 않는다.

⑸ **후등기 저지력(형식적 확정력)**

어느 부동산에 대하여 전세권등기가 경료되어 있는 경우 해당 전세권이 실질적으로 소멸하여 그 등기가 무효의 등기가 되었어도 이를 말소하기 전에는 동일한 범위에 대하여 새로운 전세권설정등기는 허용되지 아니한다.

⑹ **등기의 공신력 부정**

⑺ **등기의 유효요건**

㉠ **중간생략등기**

ⓐ 최종 양수인이 중간생략등기의 합의를 이유로 최초 양도인에게 직접 중간생략등기를 청구하기 위하여는 관계당사자 전원의 의사합치가 필요하지만, 당사자 사이에 적법한 원인행위가 성립되어 일단 중간생략등기가 이루어진 이상 중간생략등기에 관한 합의가 없었다는 이유만으로는 중간생략등기가 무효라고 할 수는 없다 (대판 2003다40651).

ⓑ 토지거래허가구역 내의 토지가 토지거래허가 없이 소유자인 최초 매도인으로부터 중간 매수인에게, 다시 중간 매수인으로부터 최종 매수인에게 순차로 매도되었다면 각 매매계약의 당사자는 각각의 매매계약에 관하여 토지거래허가를 받아야 하며, 위 당사자들 사이에 최초의 매도인이 최종 매수인 앞으로 직접 소유권이전등기를 경료하기로 하는 중간생략등기의 합의가 있었다고 하더라도 이는 적법한 토지거래허가 없이 경료된 등기로서 (무효)이다(대판 97다33218).

ⓒ (모두생략등기)

미등기부동산이 전전양도된 경우 최후의 양수인이 소유권보존등기를 한 경우에도 그 등기가 결과적으로 실질적 법률관계에 부합된다면 그 등기는 무효라고 볼 수 없다(대판 83다카1152).

ⓛ **무효등기의 유용**

유효인 저당권설정등기가 그 피담보채권의 변제로 소멸된 경우, 그 등기를 말소하지 않은 상태에서 후에 발생한 금전채권의 담보를 위한 등기로 사용하는 경우를 말한다. 판례는 권리의 등기에 대하여 등기상 이해관계인이 생기지 않은 경우 유용하는 것을 인정한다. 다만, 멸실된 건물의 등기를 신축건물에 유용하는 것은 무효라고 한다.

ⓛ 소유권이전등기가 경료되어 있는 경우에 그 등기명의인은 제3자에 대하여 뿐만 아니라 그 전소유자에 대하여서도 적법한 등기원인에 의하여 소유권을 취득한 것으로 추정된다.

② **추정력이 부정되는 경우**

ㄱ 권리등기가 아닌 부동산의 표시등기에는 추정력이 인정되지 않는다.

ⓛ (   )에는 추정력이 인정되지 않는다.

⑸ 후등기 저지력(형식적 확정력)

어느 부동산에 대하여 전세권등기가 경료되어 있는 경우 해당 전세권이 실질적으로 소멸하여 그 등기가 무효의 등기가 되었어도 이를 말소하기 전에는 동일한 범위에 대하여 새로운 전세권설정등기는 허용되지 아니한다.

⑹ 등기의 공신력 부정

⑺ 등기의 유효요건

ㄱ **중간생략등기**

ⓐ 최종 양수인이 중간생략등기의 합의를 이유로 최초 양도인에게 직접 중간생략등기를 청구하기 위하여는 관계당사자 전원의 의사합치가 필요하지만, 당사자 사이에 적법한 원인행위가 성립되어 일단 중간생략등기가 이루어진 이상 중간생략등기에 관한 합의가 없었다는 이유만으로는 중간생략등기가 무효라고 할 수는 없다(대판 2003다40651).

ⓑ 토지거래허가구역 내의 토지가 토지거래허가 없이 소유자인 최초 매도인으로부터 중간 매수인에게, 다시 중간 매수인으로부터 최종 매수인에게 순차로 매도되었다면 각 매매계약의 당사자는 각각의 매매계약에 관하여 토지거래허가를 받아야 하며, 위 당사자들 사이에 최초의 매도인이 최종 매수인 앞으로 직접 소유권이전등기를 경료하기로 하는 중간생략등기의 합의가 있었다고 하더라도 이는 적법한 토지거래허가 없이 경료된 등기로서 (   )이다(대판 97다33218).

ⓒ (   )

미등기부동산이 전전양도된 경우 최후의 양수인이 소유권보존등기를 한 경우에도 그 등기가 결과적으로 실질적 법률관계에 부합된다면 그 등기는 무효라고 볼 수 없다(대판 83다카1152).

ㄴ **무효등기의 유용**

유효인 저당권설정등기가 그 피담보채권의 변제로 소멸된 경우, 그 등기를 말소하지 않은 상태에서 후에 발생한 금전채권의 담보를 위한 등기로 사용하는 경우를 말한다. 판례는 권리의 등기에 대하여 등기상 이해관계인이 생기지 않은 경우 유용하는 것을 인정한다. 다만, 멸실된 건물의 등기를 신축건물에 유용하는 것은 무효라고 한다.

[구분건물] 경기도 김포시 풍무동 ○○아파트 제205동 제5층 제501호고유번호 0000-0000-000000

[표제부]	(1동의 건물의 표시)			
표시번호	접수	소재지번, 건물명칭 및 번호	건물내역	등기원인 및 기타사항
1	2001년 10월 10일	경기도 김포시 풍무동 234, 235 유현마을 205동	철근콘크리트조 경사지붕 5층 아파트 1층 520m² 2층 500m² 3층 500m² 4층 500m² 5층 500m²	도면편철장 제285호

(대지권의 목적인 토지의 표시)				
표시번호	소재지번	지목	면적	등기원인 및 기타사항
1	1. 경기도 김포시 풍무동 234 2. 경기도 김포시 풍무동 235	대 대	3,000m² 1,500m²	2001년 10월 10일

[표제부]	(전유부분의 건물의 표시)			
표시번호	접수	건물번호	건물내역	등기원인 및 기타사항
1	2001년 10월 10일	제5층 제501호	철근콘크리트조 100m²	도면편철장 제286호

(대지권의 표시)			
표시번호	대지권종류	대지권비율	등기원인 및 기타사항
1	1, 2 소유권대지권	4,500분의 20	2001년 9월 8일 대지권 2001년 10월 10일

[갑구]	(소유권에 관한 사항)			
표시번호	등기목적	접수	등기원인	권리자 및 기타사항
1	소유권 보존	2001년 10월 10일 제43883호		소유자 주식회사 동해종합건설 12011-0000000 서울특별시 영등포구 ####
2	소유권 이전	2001년 11월 10일 제43950호	1999년 3월 30일 매매	소유자 오재석 ******-******* 김포시 김포대로 926번길 46

[을구]	(소유권 외의 권리에 관한 사항)			
표시번호	등기목적	접수	등기원인	권리자 및 기타사항
1	근저당권 설정	2001년 11월 10일 제43955호	2001년 11월 8일 설정계약	채권최고액 금 150,000,000원 채무자 오재석 김포시 김포대로 926번길 46 88-36 근저당권자 주식회사 한빛은행 110111-****** 서울 중구 회현동5가 201

* 위 견본은 실제 양식과 차이가 있을 수 있으며, 학습목적으로 가공된 것으로서 모두 실제 내용이 아닙니다.

[구분건물] 경기도 김포시 풍무동 ○○아파트 제205동 제5층 제501호고유번호 0000-0000-000000

표시번호	접수	소재지번, 건물명칭 및 번호	건물내역	등기원인 및 기타사항
[표제부]		(	)	
1	2001년 10월 10일	경기도 김포시 풍무동 234, 235 유현마을 205동	철근콘크리트조 경사지붕 5층 아파트 1층 520m² 2층 500m² 3층 500m² 4층 500m² 5층 500m²	도면편철장 제285호

표시번호	(	)	(	)	(	)	등기원인 및 기타사항
		(			)		
1	1. 경기도 김포시 풍무동 234 2. 경기도 김포시 풍무동 235		대 대		3,000m² 1,500m²		2001년 10월 10일

표시번호	접수	건물번호	건물내역	등기원인 및 기타사항
[표제부]		(	)	
1	2001년 10월 10일	제5층 제501호	철근콘크리트조 100m²	도면편철장 제286호

표시번호	(	)	(	)	등기원인 및 기타사항
		(	)		
1	1, 2 소유권대지권		4,500분의 20		2001년 9월 8일 대지권 2001년 10월 10일

표시번호	등기목적	접수	등기원인	권리자 및 기타사항	
[갑구]			(소유권에 관한 사항)		
1	소유권 보존	2001년 10월 10일 제43883호		소유자	주식회사 동해종합건설 12011-0000000 서울특별시 영등포구 ####
2	소유권 이전	2001년 11월 10일 제43950호	1999년 3월 30일 매매	소유자	오재석 ******-******* 김포시 김포대로 926번길 46

표시번호	등기목적	접수	등기원인	권리자 및 기타사항	
[을구]			(소유권 외의 권리에 관한 사항)		
1	근저당권 설정	2001년 11월 10일 제43955호	2001년 11월 8일 설정계약	채권최고액 채무자 근저당권자	금 150,000,000원 오재석 김포시 김포대로 926번길 46 88-36 주식회사 한빛은행 110111-****** 서울 중구 회현동5가 201

* 위 견본은 실제 양식과 차이가 있을 수 있으며, 학습목적으로 가공된 것으로서 모두 실제 내용이 아닙니다.

THEMA 02 구분건물의 등기기록

1. 구분건물의 의의

① **개념**: 구분건물은 1동의 건물의 일부분이나 구조상·이용상 독립성을 갖추고 독립한 소유권 기타 권리의 목적이 되는 건물을 말한다.

② **성립요건**

㉠ 구분건물이 되기 위해서는 각 전유부분이 다른 전유부분과 구조적으로 분리되어 있어야 하고(구조상 독립성) 다른 전유부분을 통하지 아니하고도 외부로 출입할 수 있도록 이용에 있어서 독립성(이용상 독립성)이 있어야 한다.

㉡ 구조상·이용상 독립성이 있더라도 소유자의 의사에 따라 일반건물로 등기할 수도 있으므로 이러한 독립성을 갖춘 건물을 반드시 구분건물로 등기하여야 하는 것은 아니다.

2. 구분건물의 등기기록의 구성

1동의 건물을 구분한 건물에 있어서는 1동의 건물에 속하는 전부에 대하여 1개의 등기기록을 사용하는데, 여기서 1개의 등기기록의 구성은 1동의 건물에 대하여는 (표제부)만 두고 1동의 건물을 구분한 각 건물마다 (표제부), (갑구), (을구)를 둔다(규칙 제14조 제1항).

① **1동 건물의 표제부**: 1동의 건물의 표제부는 1동의 건물의 표시와 (대지권의 목적인 토지의 표시)를 기록한다(규칙 제14조 제2항, 제88조 제1항).

② **구분건물(전유부분의 건물)의 표제부**: 구분한 건물의 표제부는 전유부분의 건물의 표시와 (대지권의 표시)를 기록한다(규칙 제14조 제2항, 제88조 제1항).

③ **구분건물(전유부분의 건물)의 갑구 및 을구**: 갑구 및 을구는 일반등기기록과 동일하다.

THEMA 02 구분건물의 등기기록

1. 구분건물의 의의

① **개념**: 구분건물은 1동의 건물의 일부분이나 구조상·이용상 독립성을 갖추고 독립한 소유권 기타 권리의 목적이 되는 건물을 말한다.

② **성립요건**

    ㉠ 구분건물이 되기 위해서는 각 전유부분이 다른 전유부분과 구조적으로 분리되어 있어야 하고(구조상 독립성) 다른 전유부분을 통하지 아니하고도 외부로 출입할 수 있도록 이용에 있어서 독립성(이용상 독립성)이 있어야 한다.

    ㉡ 구조상·이용상 독립성이 있더라도 소유자의 의사에 따라 일반건물로 등기할 수도 있으므로 이러한 독립성을 갖춘 건물을 반드시 구분건물로 등기하여야 하는 것은 아니다.

2. 구분건물의 등기기록의 구성

1동의 건물을 구분한 건물에 있어서는 1동의 건물에 속하는 전부에 대하여 1개의 등기기록을 사용하는데, 여기서 1개의 등기기록의 구성은 1동의 건물에 대하여는 (　　　)만 두고 1동의 건물을 구분한 각 건물마다 (　　　), (　　), (　　)를 둔다(규칙 제14조 제1항).

① **1동 건물의 표제부**: 1동의 건물의 표제부는 1동의 건물의 표시와 (

    　　　)를 기록한다(규칙 제14조 제2항, 제88조 제1항).

② **구분건물(전유부분의 건물)의 표제부**: 구분한 건물의 표제부는 전유부분의 건물의 표시와 (　　　　　　)를 기록한다(규칙 제14조 제2항, 제88조 제1항).

③ **구분건물(전유부분의 건물)의 갑구 및 을구**: 갑구 및 을구는 일반등기기록과 동일하다.

3. 대지권의 등기와 대지권인 뜻의 등기

등기기록		대지권등기와 대지권인 뜻의 등기	
건물 등기기록	1동 건물 표제부	대지권의 목적인 토지의 표시	신청
	전유부분 표제부	대지권의 표시(대지권의 종류, 비율)	
토지 등기기록	갑구 또는 을구	대지권인 뜻(취지)의 등기	직권

→ 대지권이 지상권, 전세권, 임차권일 때
→ 대지권이 소유권일 때

4. 분리처분금지의 등기

구분	건물등기부	토지등기부	
		대지권이 소유권	대지권이 지상권, 전세권, 임차권
금지되는 등기	(건물만 소유권이전, 저당권설정등기)	(토지만 소유권이전등기, 저당권설정등기)	지상권, 전세권, 임차권의 이전등기, 지상권, 전세권 목적 저당권설정등기
허용되는 등기	(건물만 전세권, 임차권등기)	지상권, 전세권, 임차권, 지역권설정등기	소유권이전등기, 저당권설정등기

3. 대지권의 등기와 대지권인 뜻의 등기

등기기록		대지권등기와 대지권인 뜻의 등기	
건물 등기기록	1동 건물 표제부		신청
	전유부분 표제부		
토지 등기기록	갑구 또는 을구		직권

➡ 대지권이 지상권, 전세권, 임차권일 때

➡ 대지권이 소유권일 때

4. 분리처분금지의 등기

구분	건물등기부	토지등기부	
		대지권이 소유권	대지권이 지상권, 전세권, 임차권
금지되는 등기	( )	( )	지상권, 전세권, 임차권의 이전등기, 지상권, 전세권 목적 저당권설정등기
허용되는 등기	( )	지상권, 전세권, 임차권, 지역권설정등기	소유권이전등기, 저당권설정등기

THEMA 03 승소한 가처분권자의 등기

☑ 가처분권자의 승소 후 말소절차

구 분	가처분권리자가 본안승소로 소유권이전, 말소 또는 설정의 등기를 단독신청하는 경우
가처분등기 이후에 된 등기로서 가처분채권자의 권리를 (침해하는) 등기의 말소	(단독신청으로 말소)
그 가처분등기의 말소	(직권으로 말소)

☑ 가처분등기예시

[갑구]	(소유권에 관한 사항)			
순위번호	등기목적	접수	등기원인	권리자 및 기타사항
1	소유권보존	2004년 5월 4일 제3541호		소유자　유재석
2	가처분	2012년 5월 23일 제5263호	2012년 5월 12일 서울중앙지방법원의 가처분결정 (2012 카합 200)	피보전권리　소유권이전등기청구권 채권자　박명수 681010-******** 서울특별시 관악구 관악대로 48 금지사항　양도, 담보권설정 기타 일체의 처분행위의 금지
3	소유권이전	2012년 6월 5일	2010년 6월 1일 매매	김구라
4	3번 소유권이전 말소	2014년 8월 17일 제###호	가처분에 의한 실효	
5	소유권이전	2014년 8월 17일 제###호	서울중앙지방법원의 확정판결	소유자　박명수
6	2번 가처분말소			가처분의 목적달성으로 인하여 2014년 8월 17일 등기
7	소유권이전	2015년 ##월 ##일	(생략)	소유자　정형돈

THEMA 03 승소한 가처분권자의 등기

☑ **가처분권자의 승소 후 말소절차**

구 분	가처분권리자가 본안승소로 소유권이전, 말소 또는 설정의 등기를 단독신청하는 경우
가처분등기 이후에 된 등기로서 가처분채권자의 권리를 (　　　) 등기의 말소	(　　　　　　　　)
그 가처분등기의 말소	(　　　　　　)

☑ **가처분등기예시**

[갑구]	(소유권에 관한 사항)			
순위번호	등기목적	접수	등기원인	권리자 및 기타사항
1	소유권보존	2004년 5월 4일 제3541호		소유자　유재석
2	가처분	2012년 5월 23일 제5263호	2012년 5월 12일 서울중앙지방법원의 가처분결정 (2012 카합 200)	피보전권리　소유권이전등기청구권 채권자　박명수 681010-******* 서울특별시 관악구 관악대로 48 금지사항　양도, 담보권설정 기타 일체의 처분 행위의 금지
3	소유권이전	2012년 6월 5일	2010년 6월 1일 매매	김구라
4	3번 소유권이전 말소	2014년 8월 17일 제###호	가처분에 의한 실효	
5	소유권이전	2014년 8월 17일 제###호	서울중앙지방법원의 확정판결	소유자　박명수
6	2번 가처분말소			가처분의 목적달성으로 인하여 2014년 8월 17일 등기
7	소유권이전	2015년 ##월 ##일	(생략)	소유자　정형돈

THEMA 04 등기신청 당사자

1. 당사자의 이해(등기신청적격)

- ○ : 자연인, 법인[국가, 지자체(시·도, 시·군·구), 사단법인 등], 법인 아닌 사단 또는 재단
- × : (태아), (학교), (「민법」상 조합), (읍·면·리·동)

2. 공동신청주의의 예외(단독신청)

① **판결** : 확정된 (이행)판결일 것. 단, 형성판결 중 공유물분할판결 포함
② **상속(회사합병)**
　상속(회사합병)으로 인한 등기는 등기권리자(상속인/존속회사)만으로 이를 신청할 수 있다.
③ 소유권보존등기, 소유권보존등기의 말소등기
④ (수용)에 의한 소유권이전등기(단, 관공서가 사업시행자인 경우는 촉탁등기)
⑤ 부동산표시의 변경등기, (등기명의인표시)의 변경등기
⑥ 멸실등기
⑦ **가등기**
　㉠ 원칙 : 공동신청
　㉡ 예외 : (가등기권리자)의 단독신청(가등기의무자의 승낙서나 가등기가처분명령정본)
⑧ **가등기의 말소**
　㉠ 원칙 : 공동신청
　㉡ 예외
　　ⓐ (가등기명의인)의 단독신청 : 가등기필정보, 소유권가등기말소시 인감증명 첨부
　　ⓑ (가등기의무자) 또는 (이해관계인)의 단독신청
⑨ (사망)으로 소멸한 권리의 말소등기
⑩ **등기의무자가 소재불명된 경우 소멸한 권리의 말소등기** : (공시최고) 후 (제권판결)을 받아 단독신청 말소 ○(전세권자의 소재불명시 전세금반환증서로 단독신청 ×)
⑪ (혼동)에 의한 말소등기
⑫ 신탁재산 멸실, 회복, 관리, 처분 등으로 얻거나 신탁재산에 속하게 된 경우 신탁등기는 (수탁자)가 단독신청할 수 있다(수익자나 위탁자의 대위 가능). 또한 신탁등기의 말소등기도 (수탁자)가 단독으로 신청할 수 있다.
⑬ **규약상 공용부분인 뜻의 등기** : (소유권의 등기명의인) 단독신청
⑭ 공용부분인 뜻을 정한 규약을 폐지한 경우에는 공용부분의 (취득자)는 지체 없이 (소유권보존등기)를 신청하여야 한다(단독신청). ⇨ 등기관이 규약상 공용부분인 뜻 말소

THEMA 04 등기신청 당사자

1. 당사자의 이해(등기신청적격)

┌ ○ : 자연인, 법인[국가, 지자체(시·도, 시·군·구), 사단법인 등], 법인 아닌 사단
│   또는 재단
└ × : (   ), (   ), (   ), (   )

2. 공동신청주의의 예외(단독신청)

① **판결** : 확정된 (   )판결일 것. 단, 형성판결 중 공유물분할판결 포함
② **상속(회사합병)**
   상속(회사합병)으로 인한 등기는 등기권리자(상속인/존속회사)만으로 이를 신청할 수 있다.
③ 소유권보존등기, 소유권보존등기의 말소등기
④ (   )에 의한 소유권이전등기(단, 관공서가 사업시행자인 경우는 촉탁등기)
⑤ 부동산표시의 변경등기, (   )의 변경등기
⑥ 멸실등기
⑦ **가등기**
   ㉠ 원칙 : 공동신청
   ㉡ 예외 : (   )의 단독신청(나   )
⑧ **가등기의 말소**
   ㉠ 원칙 : 공동신청
   ㉡ 예외
      ⓐ (   )의 단독신청 : 가등기필정보, 소유권가등기말소시 인감증명 첨부
      ⓑ (   ) 또는 (   )의 단독신청
⑨ (   )으로 소멸한 권리의 말소등기
⑩ **등기의무자가 소재불명된 경우 소멸한 권리의 말소등기** : (   ) 후 (   )
   을 받아 단독신청 말소 ○(전세권자의 소재불명시 전세금반환증서로 단독신청 ×)
⑪ (   )에 의한 말소등기
⑫ 신탁재산 멸실, 회복, 관리, 처분 등으로 얻거나 신탁재산에 속하게 된 경우 신탁등기
   는 (   )가 단독신청할 수 있다(수익자나 위탁자의 대위 가능). 또한 신탁등기의
   말소등기도 (   )가 단독으로 신청할 수 있다.
⑬ **규약상 공용부분인 뜻의 등기** : (   ) 단독신청
⑭ 공용부분인 뜻을 정한 규약을 폐지한 경우에는 공용부분의 (   )는 지체 없이 (
)를 신청하여야 한다(단독신청). ⇨ 등기관이 규약상 공용부분인 뜻 말소

3. 공동신청

구 분	등기의무자	등기권리자
소유권이전등기 (매매)	매도인	매수인
환매특약등기	환매특약부매매의 매수인	환매특약부매매의 매도인
전세권설정등기	(전세권설정자)	(전세권자)
전세권말소등기	(전세권자)	(전세권설정자)
권리질권	저당권자	권리질권자
지역권	지역권설정자(승역지소유자 등)	지역권자(요역지소유자 등)
가등기에 기한 본등기	(가등기의무자)(제3취득자 ×)	가등기권리자
소유권이전 후 저당권말소	현재 저당권등기명의인	변제시: 제3취득자 또는 (저당권설정자)

3. 공동신청

구 분	등기의무자	등기권리자
소유권이전등기 (매매)	매도인	매수인
환매특약등기	환매특약부매매의 매수인	환매특약부매매의 매도인
전세권설정등기	( )	( )
전세권말소등기	( )	( )
권리질권	저당권자	권리질권자
지역권	지역권설정자(승역지소유자 등)	지역권자(요역지소유자 등)
가등기에 기한 본등기	( )(제3취득자 ×)	가등기권리자
소유권이전 후 저당권말소	현재 저당권등기명의인	변제시: 제3취득자 또는 ( )

THEMA 04 등기신청정보 및 첨부정보 등

1. 신청정보의 내용 – 일반적·필요적 기재사항

① 부동산의 표시(소지지면, 소지종구면·건물번호, 구분건물의 대지권 등)
② 등기원인과 연월일 (단, (소유권보존등기)신청서에는 기재하지 않음)
③ 등기의 목적
④ **신청인(명 주 번)**
　　㉠ 대리인(법인 대표자) – 명 주: 신청서에 기재 ○ ⇨ 등기부에 기재 ×
　　㉡ 대위채권자 – 명 주 대위원인: 신청서에 기재 ○ ⇨ 등기부에 기재 ○
　　㉢ 비법인 – 대표자의 명 주 번: 신청서에 기재 ○ ⇨ 등기부에 기재 ○ ★
⑤ 등기필정보(공동신청 또는 승소한 등기의무자 단독신청으로 권리등기 신청시 제공)
⑥ 권리자가 2인 이상인 경우 그 (지분)을 기재(합유인 때는 그 뜻을 기재)
⑦ (매매계약서)를 원인증서로 (소유권이전등기)를 신청하는 경우 그 신청서에는 거래신고필증에 기재된 거래가액 기재
⑧ **등기소의 표시**

등기의 종류	필요적 사항	임의적 사항
소유권보존등기		(주의: 등기원인과 연월일은 기재 ×)
임차권설정등기	(차임), (범위)	임차보증금
지상권설정등기	(목적), (범위)	존속기간, 지료
지역권설정등기	(요역지·승역지), (목적), (범위)	요역지에 수반하지 않는다는 특약 등
전세권설정등기	(전세금), (범위)	존속기간, 위약금, (양도금지특약)
저당권설정등기	(채권액), (채무자)	변제기, 이자 및 발생기·지급시기, 지급장소 등의 약정, 채무불이행 손배약정
근저당권설정등기	(채권최고액), (채무자)	존속기간
권리질권	채권액 또는 채권최고액, (채무자)	변제기, 이자의 약정
환매특약등기	(매수인이 지급한 대금), (매매비용)	

THEMA 04 등기신청정보 및 첨부정보 등

1. 신청정보의 내용 – 일반적 · 필요적 기재사항

① 부동산의 표시(소지지면, 소지종구면 · 건물번호, 구분건물의 대지권 등)

② 등기원인과 연월일 (단, (　　　　　　　)신청서에는 기재하지 않음)

③ 등기의 목적

④ **신청인**(명 주 번)

　　㉠ 대리인(법인 대표자) – 명 주 : 신청서에 기재 ○ ⇨ 등기부에 기재 ×

　　㉡ 대위채권자 – 명 주 대위원인: 신청서에 기재 ○ ⇨ 등기부에 기재 ○

　　㉢ 비법인 – 대표자의 명 주 번: 신청서에 기재 ○ ⇨ 등기부에 기재 ○ ★

⑤ 등기필정보(　　　　　또는 　　　　　　　　　단독신청으로 권리등기 신청시 제공)

⑥ 권리자가 2인 이상인 경우 그 (　　　)을 기재(합유인 때는 그 뜻을 기재)

⑦ (　　　　　　　)를 원인증서로 (　　　　　　　)를 신청하는 경우 그 신청서에는 거래신고필증에 기재된 거래가액 기재

⑧ **등기소의 표시**

등기의 종류	필요적 사항	임의적 사항
소유권보존등기		(주의: 등기원인과 연월일은 기재 ×)
임차권설정등기	(　　　), (　　　　)	임차보증금
지상권설정등기	(　　　), (　　　　)	존속기간, 지료
지역권설정등기	(　　　　　　　　), (　　　), (　　　)	요역지에 수반하지 않는다는 특약 등
전세권설정등기	(　　　), (　　　)	존속기간, 위약금, (　　　　　　　)
저당권설정등기	(·　　　), (　　　)	변제기, 이자 및 발생기 · 지급시기, 지급장소 등의 약정, 채무불이행 손배약정
근저당권설정등기	(　　　　　), (　　　　)	존속기간
권리질권	채권액 또는 채권최고액, (　　　)	변제기, 이자의 약정
환매특약등기	(　　　　　　　　), (　　　　)	

2. 등기필정보의 (제공) (등기의무자 ➡ 등기소)

등기필정보: (공동신청)의 경우에 등기의무자의 권리의 등기필정보를 제공한다. 즉
단독신청시 ×

등기필정보 멸실시 확인방법	판결시 등기필정보 제출여부
㉠ 출석(본인 또는 법정대리인) – 확인 　조서 ㉡ 변호사 또는 법무사의 확인서면 ㉢ 공증부본(신청서 또는 위임장)	판결에 의한 단독신청(승소한 등기권리자) – 제공 × (승소한 등기의무자) – 제공 ○

3. 등기필정보의 (작성 통지)(등기소 ➡ 명·신 = 등기권리자)

등기관이 등기권리자의 신청에 의하여 다음 각 호 중 어느 하나의 등기를 하는
때에는 등기필정보를 작성하여야 한다. 그 이외의 등기를 하는 때에는 등기필정보
를 작성하지 아니한다.

(1) 부동산등기법 제3조 기타 법령에서 등기할 수 있는 권리로 규정하고 있는 권
　리를 (보존), (설정), (이전)하는 등기를 하는 경우
(2) 위 (1)의 권리의 설정 또는 이전청구권 보전을 위한 가등기를 하는 경우
(3) 권리자를 추가하는 (경정 또는 변경)등기(갑 단독소유를 갑,을공유로 경정하는
　경우나 합유자가 추가되는 합유명의인표시변경 등기 등)를 하는 경우
　✿ 등기관은 등기를 마치면 등기필정보를 등기명의인이 된 신청인에게 통지한다.
　✿ 비법인 사단의 대표자나 관리인이 등기를 신청한 경우 등기관은 등기를 마치면 그 대표
　　자나 관리인에게 등기필정보를 통지한다.

4. 제3자의 허가 등

구 분	가등기	본등기	증여	상속,진정, 취득시효,수용	공유물분할
토지거래허가 (유상, 예약포함)	(○)	(×)	×	(×)	대가성 있는 경우 ○
농지취득자격증명 (유상 무상 불문)	×	○	○	(×)	(×)

5. 신청인 주소증명정보

① '(새로) 등기명의인이 되는 (등기권리자)'의 권리종류를 불문하고 주소증명정보 제공.
　단, (소유권이전등기)의 경우 또는 등기의무자의 동일성 확인이 필요한 경우에는 (등
　기의무자)의 (주소)증명정보도 제공
② 판결, 경매, 촉탁등기시에는 등기권리자의 것만 제공

2. 등기필정보의 (   ) (등기의무자 ⇨ 등기소)

등기필정보 : (   )의 경우에 등기의무자의 권리의 등기필정보를 제공한다. 즉 단독신청시 ×

등기필정보 멸실시 확인방법 ㉠ 출석(본인 또는 법정대리인) – 확인 　 조서 ㉡ 변호사 또는 법무사의 확인서면 ㉢ 공증부본(신청서 또는 위임장)	판결시 등기필정보 제출여부 판결에 의한 단독신청(승소한 등기권리자) – 제공 × (　　　　　　　　　) – 제공 ○

3. 등기필정보의 (   )(등기소 ⇨ 명·신 = 등기권리자)

등기관이 등기권리자의 신청에 의하여 다음 각 호 중 어느 하나의 등기를 하는 때에는 등기필정보를 작성하여야 한다. 그 이외의 등기를 하는 때에는 등기필정보를 작성하지 아니한다.

(1) 부동산등기법 제3조 기타 법령에서 등기할 수 있는 권리로 규정하고 있는 권리를 (   ), (   ), (   )하는 등기를 하는 경우
(2) 위 (1)의 권리의 <u>설정</u> 또는 <u>이전</u>청구권 보전을 위한 가등기를 하는 경우
(3) 권리자를 <u>추가</u>하는 (   )등기(갑 단독소유를 갑,을공유로 경정하는 경우나 합유자가 추가되는 합유명의인표시변경 등기 등)를 하는 경우
　✿ 등기관은 등기를 마치면 등기필정보를 등기명의인이 된 신청인에게 통지한다.
　✿ 비법인 사단의 대표자나 관리인이 등기를 신청한 경우 등기관은 등기를 마치면 그 대표자나 관리인에게 등기필정보를 통지한다.

4. 제3자의 허가 등

구 분	가등기	본등기	증여	상속,진정, 취득시효,수용	공유물분할
토지거래허가 (유상, 예약포함)	(　)	(　)	×	(　)	대가성 있는 경우 ○
농지취득자격증명 (유상 무상 불문)	×	○	○	(　)	(　)

5. 신청인 주소증명정보

① '(　　) 등기명의인이 되는 (　　　　　　)'의 권리종류를 불문하고 주소증명정보 제공. 단, (　　　　　　)의 경우 또는 등기의무자의 동일성 확인이 필요한 경우에는 (　　　　)의 (　　)증명정보도 제공
② 판결, 경매, 촉탁등기시에는 등기권리자의 것만 제공

THEMA 05 각하 사유

1. 부동산등기법 제29조

법 제29조 (신청의 각하) 등기관은 다음 각 호의 어느 하나에 해당하는 경우에만 이유를 적은 결정으로 신청을 각하(却下)하여야 한다. 다만, 신청의 잘못된 부분이 보정(補正)될 수 있는 경우로서 신청인이 등기관이 보정을 명한 날의 다음 날까지 그 잘못된 부분을 보정하였을 때에는 그러하지 아니하다.<개정 2024. 9. 20.>

1. 사건이 그 등기소의 관할이 아닌 경우
2. (사건이 등기할 것이 아닌 경우)
3. 신청할 권한이 없는 자가 신청한 경우
4. 제24조 제1항 제1호에 따라 등기를 신청할 때에 당사자나 그 대리인이 출석하지 아니한 경우
5. 신청정보의 제공이 대법원규칙으로 정한 방식에 맞지 아니한 경우
6. 신청정보의 부동산 또는 등기의 목적인 권리의 표시가 등기기록과 일치하지 아니한 경우
7. 신청정보의 등기의무자의 표시가 등기기록과 일치하지 아니한 경우. 다만, 다음 각 목의 어느 하나에 해당하는 경우는 제외한다.
   가. 제27조에 따라 (포괄승계인)이 등기신청을 하는 경우
   나. 신청정보와 등기기록의 등기의무자가 동일인임을 대법원규칙으로 정하는 바에 따라 확인할 수 있는 경우
8. 신청정보와 등기원인을 증명하는 정보가 일치하지 아니한 경우
9. 등기에 필요한 첨부정보를 제공하지 아니한 경우
10. 취득세(「지방세법」 제20조의2에 따라 분할납부하는 경우에는 등기하기 이전에 분할납부하여야 할 금액을 말한다), 등록면허세(등록에 대한 등록면허세만 해당한다) 또는 수수료를 내지 아니하거나 등기신청과 관련하여 다른 법률에 따라 부과된 의무를 이행하지 아니한 경우
11. 신청정보 또는 등기기록의 (부동산의 표시)가 토지대장·임야대장 또는 건축물대장과 일치하지 아니한 경우

THEMA 05 각하 사유

1. 부동산등기법 제29조

법 제29조 (신청의 각하) 등기관은 다음 각 호의 어느 하나에 해당하는 경우에만 이유를 적은 결정으로 신청을 각하(却下)하여야 한다. 다만, 신청의 잘못된 부분이 보정(補正)될 수 있는 경우로서 신청인이 등기관이 보정을 명한 날의 다음 날까지 그 잘못된 부분을 보정하였을 때에는 그러하지 아니하다.<개정 2024. 9. 20.>

1. 사건이 그 등기소의 관할이 아닌 경우
2. (   )
3. 신청할 권한이 없는 자가 신청한 경우
4. 제24조 제1항 제1호에 따라 등기를 신청할 때에 당사자나 그 대리인이 출석하지 아니한 경우
5. 신청정보의 제공이 대법원규칙으로 정한 방식에 맞지 아니한 경우
6. 신청정보의 부동산 또는 등기의 목적인 권리의 표시가 등기기록과 일치하지 아니한 경우
7. 신청정보의 등기의무자의 표시가 등기기록과 일치하지 아니한 경우. 다만, 다음 각 목의 어느 하나에 해당하는 경우는 제외한다.
    가. 제27조에 따라 (   )이 등기신청을 하는 경우
    나. 신청정보와 등기기록의 등기의무자가 동일인임을 대법원규칙으로 정하는 바에 따라 확인할 수 있는 경우
8. 신청정보와 등기원인을 증명하는 정보가 일치하지 아니한 경우
9. 등기에 필요한 첨부정보를 제공하지 아니한 경우
10. 취득세(「지방세법」 제20조의2에 따라 분할납부하는 경우에는 등기하기 이전에 분할납부하여야 할 금액을 말한다), 등록면허세(등록에 대한 등록면허세만 해당한다) 또는 수수료를 내지 아니하거나 등기신청과 관련하여 다른 법률에 따라 부과된 의무를 이행하지 아니한 경우
11. 신청정보 또는 등기기록의 (   )가 토지대장·임야대장 또는 건축물대장과 일치하지 아니한 경우

2. 부동산등기법 제29조 제2호

사건이 등기할 것이 아닌 경우는 다음의 어느 하나에 해당하는 경우를 말한다.

1. 등기능력 없는 물건 또는 권리에 대한 등기를 신청한 경우

> ① 공유수면하의 토지, 터널, 교량, 구조상 공용부분, 점유권, 유치권, 동산질권 등
> ② 지분(권리의 일부)에 대한 용익물권등기
> ③ 하천법상 하천에 대한 지상권설정등기

2. (법령에 근거가 없는 특약사항)의 등기를 신청한 경우
3. 구분건물의 (전유부분)과 (대지사용권)의 분리처분금지에 위반한 등기를 신청한 경우
4. (농지)를 (전세권)설정의 목적으로 하는 등기를 신청한 경우
5. (저당권)을 (피담보채권)과 분리하여 양도하거나, 피담보채권과 분리하여 다른 채권의 담보로 하는 등기를 신청한 경우
6. 일부 지분에 대한 (소유권보존등기)를 신청한 경우
7. 공동상속인 중 일부가 자신의 (상속지분)만에 대한 상속등기를 신청한 경우
8. 관공서 또는 법원의 촉탁으로 실행되어야 할 등기를 (신청)한 경우
9. 이미 보존등기된 부동산에 대하여 다시 보존등기를 신청한 경우
10. 그 밖에 신청취지 자체에 의하여 법률상 허용될 수 없음이 명백한 등기를 신청한 경우

> ① 가등기에 기한 (본등기)를 금지하는 가처분
> ② 매매로 인한 소유권이전등기와 동시에 하지 않은 (환매특약등기)신청
> ③ 소유권이전등기말소청구권을 보전하기 위한 가등기를 신청한 경우
> ④ 부동산의 (합유지분)에 대한 가압류등기

2. 부동산등기법 제29조 제2호

사건이 등기할 것이 아닌 경우는 다음의 어느 하나에 해당하는 경우를 말한다.

1. 등기능력 없는 물건 또는 권리에 대한 등기를 신청한 경우

> ① 공유수면하의 토지, 터널, 교량, 구조상 공용부분, 점유권, 유치권, 동산질권 등
> ② 지분(권리의 일부)에 대한 용익물권등기
> ③ 하천법상 하천에 대한 지상권설정등기

2. (   )의 등기를 신청한 경우
3. 구분건물의 (   )과 (   )의 분리처분금지에 위반한 등기를 신청한 경우
4. (   )를 (   )설정의 목적으로 하는 등기를 신청한 경우
5. (   )을 (   )과 분리하여 양도하거나, 피담보채권과 분리하여 다른 채권의 담보로 하는 등기를 신청한 경우
6. 일부 지분에 대한 (   )를 신청한 경우
7. 공동상속인 중 일부가 자신의 (   )만에 대한 상속등기를 신청한 경우
8. 관공서 또는 법원의 촉탁으로 실행되어야 할 등기를 (   )한 경우
9. 이미 보존등기된 부동산에 대하여 다시 보존등기를 신청한 경우
10. 그 밖에 신청취지 자체에 의하여 법률상 허용될 수 없음이 명백한 등기를 신청한 경우

> ① 가등기에 기한 (   )를 금지하는 가처분
> ② 매매로 인한 소유권이전등기와 동시에 하지 않은 (   )신청
> ③ 소유권이전등기말소청구권을 보전하기 위한 가등기를 신청한 경우
> ④ 부동산의 (   )에 대한 가압류등기

THEMA 06 등기 각론

1. 소유권보존등기

부동산일부 소유권보존등기 (×) 권리일부 소유권보존등기 (×)	1인 지분만 소유권보존등기(×), 1인이 전원명의 보존등기 (○)

소유권증명서면
토지 - 장 판 수
건물 - 장 판 수 + (특·도, 시장, 군수 또는 구청장의 확인)

대장 - 대장상 최초 소유자 또는 포괄승계인○(상속인, 포괄수증자, 합병 후 회사)
특정승계인(증여받은 자, 이전등록 받은 자) ×, 국으로부터 이전 받은 자 ○

판결 - 종류불문하고 최초소유자임을 증명하는 판결
토지 - 국가 상대로 한 판결 (○)
건물 - 국가 또는 건축주(건축허가명의인)을 상대로 한 판결 (×)

수 - 미등기 부동산을 수용한 경우 수용증명정보로 소유권보존등기를 신청

소유권보존등기 - 등기원인(일자)(×), 등기필정보(×), 인감증명(×), 제3자 허가서 등 (×)

2. 공동소유

공동소유 제28회, 제29회, 제30회, 제31회

1. 공유: 지분 있음 - 공유자별 지분등기 ○(신청정보에 지분 표시)
   ✿ 등기관이 소유권의 일부에 관한 이전등기를 할 때에는 지분을 기록하여야 하고, 그 등기 원인에 (분할금지약정)이 있을 때에는 그 약정에 관한 사항도 기록하여야 한다.
2. 합유: 지분 (있음) - 합유자별 지분등기 (×)(신청정보에 합유 뜻 기록)
   ① 「민법」상 조합 명의× - 조합원 전원명의의 합유등기 ○
   ② 신탁등기의 수탁자가 여러 명인 경우 - 수탁자 합유등기 ○
3. 총유: 지분 없음 - 총유등기 없음(권리능력 없는 사단 또는 재단을 등기명의인 으로 등기)

THEMA 06 등기 각론

1. 소유권보존등기

부동산일부 소유권보존등기 ( ) 권리일부 소유권보존등기 ( )	1인 지분만 소유권보존등기( ), 1인이 전원명의 보존등기 ( )

소유권증명서면
토지 - 장 판 수
건물 - 장 판 수 + (   )

대장 - 대장상 최초 소유자 또는 포괄승계인○(상속인, 포괄수증자, 합병 후 회사)
특정승계인(증여받은 자, 이전등록 받은 자) ×, (   ) ○

판결 - 종류불문하고 최초소유자임을 증명하는 판결
토지 - 국가 상대로 한 판결 (○)
건물 - 국가 또는 건축주(건축허가명의인)을 상대로 한 판결 ( )

수 - 미등기 부동산을 수용한 경우 수용증명정보로 소유권보존등기를 신청

소유권보존등기 - 등기원인(일자)( ), 등기필정보( ), 인감증명( ), 제3자 허가서 등 ( )

2. 공동소유

공동소유 제28회, 제29회, 제30회, 제31회
1. 공유: 지분 있음 - 공유자별 지분등기 ○(신청정보에 지분 표시)
   ☝ 등기관이 소유권의 일부에 관한 이전등기를 할 때에는 지분을 기록하여야 하고, 그 등기 원인에 (   )이 있을 때에는 그 약정에 관한 사항도 기록하여야 한다.
2. 합유: 지분 ( ) - 합유자별 지분등기 (×)(신청정보에 합유 뜻 기록)
   ① 「민법」상 조합 명의× - 조합원 전원명의의 합유등기 ○
   ② 신탁등기의 수탁자가 여러 명인 경우 - 수탁자 합유등기 ○
3. 총유: 지분 없음 - 총유등기 없음(권리능력 없는 사단 또는 재단을 등기명의인 으로 등기)

3. 변경등기

표제부	부동산(표시)의 변경	(주등기)	(단독신청) (1개월)
갑구 또는 을구	(등기명의인표시변경)	(부기등기)	(단독신청)
	(권리변경)	부기등기(단, 승낙 × ⇨ 주등기)	(공동신청)

① **부동산표시의 변경등기**(단독신청–1개월내 신청의무, 직권등기, 반드시 주등기)
   (소유권), (지상권), (전세권), (임차권), (승역지 지역권), 모든 토지에 동일한 저당권, 모든 토지에 동일한 등기사항의 신탁등기가 있는 경우 합필등기 가능, 이외 합필할 수 없다.
② **등기명의인 표시의 변경등기**(단독신청원칙– 신청의무는 없음, 반드시 부기등기)
   ㉠ 개명, 주소이전, 주민등록번호 변경
   ㉡ 소유권이전등기시 등기의무자의 주소변경의 사실이 주소증명 서면에 의해 명백할 때 직권변경등기
③ **권리의 변경등기–권리의 내용 변경**((공동)신청원칙)
   ㉠ 이해관계인 없으면 (부기등기)(변경 전 사항을 말소하는 표시)
   ㉡ 이해관계인 있으면 ┌ 승낙 ○ : (부기등기)(변경 전 사항을 말소하는 표시)
   └ 승낙 × : (주등기)(변경 전 사항을 말소표시하지 않음)

3. 변경등기

표제부	부동산(표시)의 변경	( )	( ) (1개월)
갑구 또는 을구	( )	( )	( )
	( )	부기등기(단, 승낙 × ⇨ 주등기)	( )

① **부동산표시의 변경등기**(단독신청-1개월내 신청의무, 직권등기, 반드시 주등기)

( ), ( ), ( ), ( ), (   ), 모든 토지에 동일한 저당권, 모든 토지에 동일한 등기사항의 신탁등기가 있는 경우 합필등기 가능, 이외 합필할 수 없다.

② **등기명의인 표시의 변경등기**(단독신청원칙- 신청의무는 없음, 반드시 부기등기)

㉠ 개명, 주소이전, 주민등록번호 변경

㉡ 소유권이전등기시 등기의무자의 주소변경의 사실이 주소증명 서면에 의해 명백할 때 직권변경등기

③ **권리의 변경등기-권리의 내용 변경**((   )신청원칙)

㉠ 이해관계인 없으면 (   )(변경 전 사항을 말소하는 표시)

㉡ 이해관계인 있으면 ┌ 승낙 ○ : (   )(변경 전 사항을 말소하는 표시)
　　　　　　　　　　└ 승낙 × : (   )(변경 전 사항을 말소표시하지 않음)

4. 부기등기

- 소유권이전등기, 소유권에 대한 처분제한의 등기 - (주등기)
- 소유권 이외의 권리의 이전등기, 소유권 외 권리에 대한 처분제한등기 - (부기등기)

- (부동산 소유권을 목적으로 하는) 저당권설정등기 - (주등기)
- 지상권이나 전세권을 목적으로 하는 저당권설정등기 - (부기등기)
- 저당권을 목적으로 하는 권리질권등기 - 부기등기
- 소유권 이외의 권리를 목적으로 하는 등기 - 부기등기

- 전세권설정등기 - 주등기, 전전세권등기 - 부기등기
- 전세권을 목적으로 하는 저당권설정등기 - 부기등기

- 등기명의인표시변경등기 - 부기등기
- 부동산표시변경등기 - (주등기)

- 환매특약등기 - (부기등기)
- (권리소멸)의 약정등기 - 부기등기
- (공유물분할금지)의 약정등기 - 부기등기

- 권리변경(경정)등기 - 부기등기(단, 이해관계 있는 제3자가 있으나 그의 승낙을 받지 못한 경우는 주등기)

4. 부기등기

- 소유권이전등기, 소유권에 대한 처분제한의 등기 – (   )
- 소유권 이외의 권리의 이전등기, 소유권 외 권리에 대한 처분제한등기 – (   )

- (부동산 소유권을 목적으로 하는) 저당권설정등기 – (   )
- 지상권이나 전세권을 목적으로 하는 저당권설정등기 – (   )
- 저당권을 목적으로 하는 권리질권등기 – 부기등기
- 소유권 이외의 권리를 목적으로 하는 등기 – 부기등기

- 전세권설정등기 – 주등기, 전전세권등기 – 부기등기
- 전세권을 목적으로 하는 저당권설정등기 – 부기등기

- 등기명의인표시변경등기 – 부기등기
- 부동산표시변경등기 – (   )

- 환매특약등기 – (   )
- (   )의 약정등기 – 부기등기
- (   )의 약정등기 – 부기등기

- 권리변경(경정)등기 – 부기등기(단, 이해관계 있는 제3자가 있으나 그의 승낙을 받지 못한 경우는 주등기)

5. 가등기

① 가등기할 수 있는 경우와 없는 경우

가등기할 수 있는 경우	가등기할 수 없는 경우
㉠ 본등기를 할 수 있는 권리의 설정, 이전, (변경) 또는 소멸의 청구권을 보전하기 위해	- 보존등기, 처분제한등기를 위한 가등기는 허용되지 않는다.
㉡ 시기부, 정지조건부 청구권 보전	- 종기부, 해제조건부 청구권 ×
㉢ 장래에 확정될 청구권 보전	
㉣ 채권적 청구권 보전	- (물권적 청구권) 보전 ×
㉤ 가등기상의 권리의 처분금지가처분	- 가등기에 기한 본등기처분을 금지하는 가처분 ×
㉥ 가등기의 이전등기(가등기의 가등기)	
㉦ 권리의 등기(갑구 또는 을구)	- 사실의 등기(표제부) ×
㉧ (사인증여) 순위보전 가등기	- (유증)가등기(생존 중) ×

② 가등기 절차

　㉠ 가등기당사자와 본등기당사자

　　ⓐ 가등기 신청

　　　• 원칙: 공동신청

　　　• 예외: 단독신청(<u>가등기권리자</u>

　　　　+ '가등기의무자의 승낙서' 또는 '(가등기가처분명령정본)')

> 🔔 **플러스**
> 가등기를 명하는 법원의 가처분명령이 있는 경우, 등기관은 법원의 촉탁에 따라 그 가등기를 한다. (×)

　　ⓑ 본등기당사자

본등기 권리자	가등기권리자 (또는 가등기상 권리를 이전받은 자)	(일부 가등기권자의 자기지분만 본등기) ○ 일부 가등기권자의 전원에 대한 본등기 ×
본등기 의무자	(가등기의무자) (제3취득자 ×)	제3자의 승낙 불요

　㉡ 가등기의 말소

　　ⓐ 원칙: 공동신청

　　ⓑ 예외: 단독신청

　　　• (가등기명의인)(가등기필정보 + 소유권가등기말소시 가등기명의인의 인감)

　　　• (가등기의무자) 또는 등기상 (이해관계인)(+ 가등기명의인 승낙서 첨부)

5. 가등기

① 가등기할 수 있는 경우와 없는 경우

가등기할 수 있는 경우	가등기할 수 없는 경우
㉠ 본등기를 할 수 있는 권리의 설정, 이전, (　　) 또는 소멸의 청구권을 보전하기 위해	− 보존등기, 처분제한등기를 위한 가등기는 허용되지 않는다.
㉡ 시기부, 정지조건부 청구권 보전	− 종기부, 해제조건부 청구권 ×
㉢ 장래에 확정될 청구권 보전	
㉣ 채권적 청구권 보전	− (　　　　　　　) 보전 ×
㉤ 가등기상의 권리의 처분금지가처분	− 가등기에 기한 본등기처분을 금지하는 가처분 ×
㉥ 가등기의 이전등기(가등기의 가등기)	
㉦ 권리의 등기(갑구 또는 을구)	− 사실의 등기(표제부) ×
㉧ (　　　) 순위보전 가등기	− (　　)가등기(생존 중) ×

② 가등기 절차

㉠ 가등기당사자와 본등기당사자

ⓐ 가등기 신청

• 원칙: 공동신청

• 예외: 단독신청(<u>가등기권리자</u>

＋'가등기의무자의 승낙서' 또는 '(　　　　　　　　)')

> 🏠 플러스
>
> 가등기를 명하는 법원의 가처분명령이 있는 경우, 등기관은 법원의 촉탁에 따라 그 가등기를 한다. (　)

ⓑ 본등기당사자

본등기 권리자	가등기권리자 (또는 가등기상 권리를 이전받은 자)	(　　　　　　) ○ 일부 가등기권자의 전원에 대한 본등기 ×
본등기 의무자	(　　　　　) (제3취득자 ×)	제3자의 승낙 불요

㉡ 가등기의 말소

ⓐ 원칙: 공동신청

ⓑ 예외: 단독신청

• (　　　　　　)(가등기필정보 ＋ 소유권가등기말소시 가등기명의인의 인감)

• (　　　　　) 또는 등기상 (　　　　)(＋ 가등기명의인 승낙서 첨부)

③ 가등기에 기한 본등기시 직권말소 여부(보전되는 권리를 침해하는 등기를 직권말소)

　　㉠ 소유권에 관한 가등기에 기한 본등기시 : 해당 가등기상, 가등기 전에, 가등기권자에게 대항할 수 있는 임차권등기 등을 제외하고 직권말소

　　㉡ 지상권, 전세권, 임차권에 관한 가등기에 기한 본등기시 : 동일 범위의 용익권들 직권말소

　　㉢ (저당권)에 관한 가등기에 기한 본등기시 : 가등기 후에 경료된 제3자의 권리는 저당권의 본등기를 침해하지 않으므로 직권말소할 수 (없다).

가등기 전에 경료된, 당해 가등기상의 권리에 대한 가압류 가처분 – 직권말소 ×

01 '소유*권*'이전등기청구권보전 가등기에 의하여 본등기를 한 경우, 가등기 후 본등기 전에 마쳐진 당해 토지에 대한 '*지상권*'설정등기는 직권말소대상이 된다. (○)

02 '소유*권*'이전등기청구권보전 가등기에 의하여 본등기를 한 경우, 가등기 후 본등기 전에 마쳐진 당해 토지에 대한 '**저당권**'설정등기는 직권말소대상이 된다. (○)

03 '*지상권*'설정등기청구권보전 가등기에 의하여 본등기를 한 경우, 가등기 후 본등기 전에 마쳐진 당해 토지에 대한 '*지상권*'설정등기는 직권말소대상이 된다. (○)

04 '*지상권*'설정등기청구권보전 가등기에 의하여 본등기를 한 경우, 가등기 후 본등기 전에 마쳐진 당해 토지에 대한 '**저당권**'설정등기는 직권말소대상이 된다. (×)

05 **저당권**설정등기청구권보전 가등기에 의하여 본등기를 한 경우, 가등기 후 본등기 전에 마쳐진 당해 토지에 대한 *지상권*설정등기는 직권말소대상이 된다. (×)

06 **저당권**설정등기청구권보전 가등기에 의하여 본등기를 한 경우, 가등기 후 본등기 전에 마쳐진 당해 토지에 대한 **저당권**설정등기는 직권말소대상이 된다. (×)

OX지문비교연습

1. 소유권이전등기청구권보전 가등기에 의한 본등기를 한 경우, 등기관은 그 가등기 후 본등기 전에 마친 저당권설정등기를 직권말소한다. (○)
2. 임차권설정등기청구권보전 가등기에 의한 본등기를 한 경우, 등기관은 가등기 후 본등기 전에 가등기와 동일한 부분에 마친 부동산 용익권등기를 직권말소한다. (○)
3. 저당권설정등기청구권보전 가등기에 의한 본등기를 한 경우, 등기관은 가등기 후 본등기 전에 마친 제3자 명의의 부동산용익권 등기를 직권말소할 수 있다. (×)
4. 지상권설정등기청구권보전 가등기에 의하여 지상권 본등기를 한 경우, 등기관은 가등기 후 본등기 전에 마친 저당권설정등기를 직권말소할 수 있다. (×)

③ **가등기에 기한 본등기시 직권말소 여부**(보전되는 권리를 침해하는 등기를 직권말소)

　㉠ 소유권에 관한 가등기에 기한 본등기시 : 해당 가등기상, 가등기 전에, 가등기권자에게 대항할 수 있는 임차권등기 등을 제외하고 직권말소

　㉡ 지상권, 전세권, 임차권에 관한 가등기에 기한 본등기시 : 동일 범위의 용익권들 직권말소

　㉢ (　　　　)에 관한 가등기에 기한 본등기시 : 가등기 후에 경료된 제3자의 권리는 저당권의 본등기를 침해하지 않으므로 직권말소할 수 (　　　).

가등기 전에 경료된, 당해 가등기상의 권리에 대한 가압류 가처분 - 직권말소 ✕

01 '소유*권*'이전등기청구권보전 가등기에 의하여 본등기를 한 경우, 가등기 후 본등기 전에 마쳐진 당해 토지에 대한 '*지상권*'설정등기는 직권말소대상이 된다. (　)

02 '소유*권*'이전등기청구권보전 가등기에 의하여 본등기를 한 경우, 가등기 후 본등기 전에 마쳐진 당해 토지에 대한 '**저당권**'설정등기는 직권말소대상이 된다. (　)

03 '*지상권*'설정등기청구권보전 가등기에 의하여 본등기를 한 경우, 가등기 후 본등기 전에 마쳐진 당해 토지에 대한 '*지상권*'설정등기는 직권말소대상이 된다. (　)

04 '*지상권*'설정등기청구권보전 가등기에 의하여 본등기를 한 경우, 가등기 후 본등기 전에 마쳐진 당해 토지에 대한 '**저당권**'설정등기는 직권말소대상이 된다. (　)

05 **저당권**설정등기청구권보전 가등기에 의하여 본등기를 한 경우, 가등기 후 본등기 전에 마쳐진 당해 토지에 대한 *지상권*설정등기는 직권말소대상이 된다. (　)

06 **저당권**설정등기청구권보전 가등기에 의하여 본등기를 한 경우, 가등기 후 본등기 전에 마쳐진 당해 토지에 대한 **저당권**설정등기는 직권말소대상이 된다. (　)

OX지문비교연습

1. 소유권이전등기청구권보전 가등기에 의한 본등기를 한 경우, 등기관은 그 가등기 후 본등기 전에 마친 저당권설정등기를 직권말소한다. (　)
2. 임차권설정등기청구권보전 가등기에 의한 본등기를 한 경우, 등기관은 가등기 후 본등기 전에 가등기와 동일한 부분에 마친 부동산 용익권등기를 직권말소한다. (　)
3. 저당권설정등기청구권보전 가등기에 의한 본등기를 한 경우, 등기관은 가등기 후 본등기 전에 마친 제3자 명의의 부동산용익권 등기를 직권말소할 수 있다. (　)
4. 지상권설정등기청구권보전 가등기에 의하여 지상권 본등기를 한 경우, 등기관은 가등기 후 본등기 전에 마친 저당권설정등기를 직권말소할 수 있다. (　)

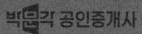
박문각 공인중개사

부록

☑ 2025 부동산등기법 및 부동산등기규칙 주요 개정사항 정리

1. 통합접수번호 부여

접수번호는 대법원예규에서 정하는 바에 따라 전국 모든 등기소를 통합하여 부여하되, 매년 새로 부여하여야 한다(규칙 제22조 제2항).

2. 신탁등기의 등기사항 신설

1) 신탁재산이 소유권인 경우 등기관은 신탁재산에 속하는 부동산의 거래에 관한 주의사항을 신탁등기에 부기등기로 기록하여야 한다.

2) 이 부기등기에는 "이 부동산에 관하여 임대차 등의 법률행위를 하는 경우에는 등기사항증명서뿐만 아니라 등기기록의 일부인 신탁원부를 통하여 신탁의 목적, 수익자, 신탁재산의 관리 및 처분에 관한 신탁 조항 등을 확인할 필요가 있음"이라고 기록하여야 한다.

3) 등기관이 신탁등기의 말소등기를 할 때에는 신탁재산에 속하는 부동산거래에 관한 주의사항을 기록한 부기등기를 직권으로 말소하고, 신탁등기를 말소함으로 인하여 말소한다는 뜻을 기록하여야 한다.

3. 등기신청의 각하사유에 대한 예외 신설

1) 등기권리자(새로 등기명의인이 되는 경우로 한정한다)의 주소(또는 사무소 소재지) 및 주민등록번호(또는 부동산등기용등록번호)를 증명하는 정보를 등기신청정보의 첨부정보로 제공하여야 한다. 다만, 소유권이전등기를 신청하는 경우 또는 등기의무자의 동일성 확인이 필요한 경우에는 등기의무자의 주소(또는 사무소 소재지)를 증명하는 정보도 제공하여야 한다.

2) 신청정보의 등기의무자의 표시에 관한 사항 중 주민등록번호(또는 부동산등기용등록번호)는 등기기록과 일치하고 주소(또는 사무소 소재지)가 일치하지 아니하는 경우에도 주소를 증명하는 정보에 의해 등기의무자의 등기기록상 주소가 신청정보상의 주소로 변경된 사실이 확인되어 등기의무자의 동일성이 인정되는 경우에는 법 제29조 제7호 나목에 따라 신청을 각하하지 아니한다.

3) 등기관이 소유권이전등기를 할 때에 등기명의인의 주소변경으로 신청정보 상의 등기의무자의 표시가 등기기록과 일치하지 아니하는 경우라도 첨부정보로서 제공된 주소를 증명하는 정보에 등기의무자의 등기기록 상의 주소가 신청정보 상의 주소로 변경된 사실이 명백히 나타나면 직권으로 등기명의인표시의 변경등기를 하여야 한다. 다만, 위 2)에 해당하는 경우에는 그러하지 아니하다.

4. 등기완료 후 등기필정보를 작성통지하지 아니하고 등기완료통지하는 사유 추가

공유자 중 일부가 공유물의 보존행위로서 공유자 전원을 등기권리자로 하여 권리에 관한 등기를 신청한 경우(등기권리자가 그 나머지 공유자인 경우로 한정한다)

> 제109조(등기필정보를 작성 또는 통지할 필요가 없는 경우) ① 법 제50조 제1항 제1호의 경우에는 등기신청할 때에 그 뜻을 신청정보의 내용으로 하여야 한다.
> ② 법 제50조 제1항 제3호에서 "대법원규칙으로 정하는 경우"란 다음 각 호의 어느 하나에 해당하는 경우를 말한다. <개정 2024. 11. 29.>
> 1. 등기필정보를 전산정보처리조직으로 통지받아야 할 자가 수신이 가능한 때부터 3개월 이내에 전산정보처리조직을 이용하여 수신하지 않은 경우
> 2. 등기필정보통지서를 수령할 자가 등기를 마친 때부터 3개월 이내에 그 서면을 수령하지 않은 경우
> 3. 법 제23조 제4항에 따라 승소한 등기의무자가 등기신청을 한 경우
> 4. 법 제28조에 따라 등기권리자를 대위하여 등기신청을 한 경우
> 5. 법 제66조 제1항에 따라 등기관이 직권으로 소유권보존등기를 한 경우
> 6. 공유자 중 일부가「민법」제265조 단서에 따른 공유물의 보존행위로서 공유자 전원을 등기권리자로 하여 권리에 관한 등기를 신청한 경우(등기권리자가 그 나머지 공유자인 경우로 한정한다)

> 제53조(등기완료통지) ① 법 제30조에 따른 등기완료통지는 신청인 및 다음 각 호의 어느 하나에 해당하는 자에게 하여야 한다. <개정 2024. 11. 29.>
> 1. 법 제23조 제4항에 따른 승소한 등기의무자의 등기신청에 있어서 등기권리자
> 2. 법 제28조에 따른 대위자의 등기신청에서 피대위자
> 3. 법 제51조에 따른 등기신청에서 등기의무자
> 4. 법 제66조에 따른 직권 소유권보존등기에서 등기명의인
> 5. 공유자 중 일부가「민법」제265조 단서에 따른 공유물의 보존행위로서 공유자 전원을 등기권리자로 하여 권리에 관한 등기를 신청한 경우 그 나머지 공유자
> 6. 관공서가 촉탁하는 등기에서 관공서

5. 등기필정보를 대신하는 확인정보 대신 확인 서면으로 함(전자신청의 진정성 제고)

등기필정보를 제공할 수 없어서 자격자대리인이 등기의무자 또는 그 법정대리인으로부터 위임받았음을 확인한 경우에는 그 확인한 사실을 증명하는 서면(이하 "확인서면"이라 한다)을 첨부서면으로서 등기소에 제공하여야 한다. 개정 전 '확인정보'를 송신하는 방법으로 가능하였으나 전자신청의 진정성 제고를 위하여 '확인 서면'으로 개정

6. 인감증명 제출 대신 본인서명사실확인서 또는 전자본인서명확인서 발급증을 제출 가능하도록 개정

인감증명을 제출하여야 하는 자는 인감증명을 제출하는 대신 신청서 등에 서명을 하고 본인서명사실확인서를 제출하거나 전자본인서명확인서의 발급증을 제출할 수 있다(규칙 제60조의2).

7. 전산정보처리조직을 이용하여 이의 신청할 수 있는 제도를 신설하여 이의신청인의 인증서 송신 등 이의신청방법을 마련하고 이의신청 관할을 정비

이의신청(이하 이 장에서 "이의신청"이라 한다)은 대법원규칙으로 정하는 바에 따라 결정 또는 처분을 한 등기관이 속한 등기소에 이의신청서를 제출하거나 전산정보처리조직을 이용하여 이의신청정보를 보내는 방법으로 한다.

전산정보처리조직을 이용하여 이의신청을 하는 경우에는 일정한 사항을 작성하고 이의신청인의 인증서 등을 함께 송신하여야 한다.

등기관은 이의가 이유 없다고 인정하면 이의신청일부터 3일 이내에 의견을 붙여 이의신청서 또는 이의신청정보를 관할 지방법원에 보내야 한다.

8. 새로운 용어 정의

> 이 규칙에서 사용하는 용어의 뜻은 다음과 같다.
> 1. "전산정보처리조직"이란 법에 따른 절차에 필요한 전자문서의 작성·제출·통지·관리, 등기부의 보관·관리 및 등기자료의 제공·활용 등 등기사무처리를 지원할 수 있도록 하드웨어·소프트웨어·데이터베이스·네트워크·보안요소 등을 결합시켜 구축·운영하는 정보처리능력을 가진 전자적 장치 또는 체계로서 법원행정처에 둔 등기전산정보시스템을 말한다.
> 2. "인터넷등기소"란 이 규칙에서 정한 바에 따라 등기사항의 증명과 열람, 전자문서를 이용한 등기신청 등을 할 수 있도록 전산정보처리조직에 의하여 구축된 인터넷 활용공간을 말한다.
> 3. "등기전자서명"이란 「전자정부법」 제2조 제9호의 행정전자서명으로서 등기관이 등기사무의 처리를 위하여 사용하는 것을 말한다.

9. 식별부호

> 제7조(등기전자서명 등) ① 등기관이 등기사무를 처리하는 때에는 「법원 행정전자서명 인증업무에 관한 규칙」 제2조 제2항에 따라 설치된 '법원 행정전자서명 인증관리센터'에서 발급받은 행정전자서명 인증서에 의한 등기전자서명을 하여야 한다.
> ② 법 제11조 제4항의 등기사무를 처리한 등기관이 누구인지 알 수 있도록 하는 조치는 각 등기관이 제1항의 등기전자서명을 하여 미리 부여받은 식별부호를 기록하는 방법으로 한다.

10. 자격자대리인이 아닌 자의 경우 전자신청 사용자등록의 유효기간을 단축할 수 있도록 함

사용자등록의 유효기간은 3년으로 한다. 다만, 자격자대리인 외의 자의 경우에는 대법원 예규로 정하는 바에 따라 그 기간을 단축할 수 있다(규칙 제69조 제1항).

11. 인터넷에 의한 신청서나 그 밖의 부속서류를 열람할 수 있는 근거와 열람방법 등

> 제28조의2(인터넷에 의한 신청서나 그 밖의 부속서류의 열람 등) ① 신청서나 그 밖의 부속서류의 열람 업무는 법원행정처장이 정하는 바에 따라 인터넷을 이용하여 처리할 수 있다. 이 경우 신청서나 그 밖의 부속서류의 열람을 신청할 수 있는 자는 다음 각 호와 같다.
> 1. 해당 등기신청의 당사자
> 2. 제1호의 당사자로부터 열람을 위임받은 변호사나 법무사[법무법인 · 법무법인(유한) · 법무조합 또는 법무사법인 · 법무사법인(유한)을 포함한다. 이하 "자격자대리인"이라 한다]

12. 상속 유증 사건의 관할에 관한 특례

상속 또는 유증으로 인한 등기신청의 경우에는 부동산의 관할 등기소가 아닌 등기소도 그 신청에 따른 등기사무를 담당할 수 있다.

이 경우 부동산의 관할 등기소가 아닌 등기소에도 그 등기를 신청할 수 있는 경우는 다음 각 호와 같다.

---

1. 상속 또는 유증으로 인한 소유권이전등기를 신청하는 경우
2. 상속으로 인한 소유권이전등기가 마쳐진 후 다음 각 목에 해당하는 사유가 있는 경우 그 사유를 원인으로 해당 등기를 신청하는 경우
   가. 법정상속분에 따라 상속등기를 마친 후에 상속재산 협의분할(조정분할·심판분할을 포함한다)등이 있는 경우
   나. 상속재산 협의분할에 따라 상속등기를 마친 후에 그 협의를 해제(다시 새로운 협의분할을 한 경우를 포함한다)한 경우
   다. 상속포기신고를 수리하는 심판 또는 상속재산 협의분할계약을 취소하는 재판 등이 있는 경우

---

13. 관할등기소가 다른 여러개의 부동산과 관련한 등기신청

1) 등기사무는 부동산의 소재지를 관할하는 지방법원, 그 지원(支院) 또는 등기소(이하 "등기소"라 한다)에서 담당한다.

2) 관할 등기소가 다른 여러 개의 부동산과 관련하여 등기목적과 등기원인이 동일하거나 그밖에 대법원규칙으로 정하는 등기신청이 있는 경우에는 그 중 하나의 관할 등기소에서 해당 신청에 따른 등기사무를 담당할 수 있다.

그러므로 여러 개의 부동산에 관하여 관할 등기소가 다른 아래의 경우 그 중 하나의 관할 등기소에 그 등기를 신청할 수 있다.

① 동일한 채권에 관하여 여러 개의 부동산에 관한 권리를 목적으로 하는 저당권설정(이하 "공동저당"이라 한다)등기의 신청
② 여러 개의 부동산에 관한 전세권설정 또는 전전세 등기의 신청
③ 공동저당 또는 공동 전세권이나 전전세 등기(위 1,2)에 대한 이전·변경·말소등기의 신청
④ 그 밖에 동일한 등기원인을 증명하는 정보에 따라 등기목적과 등기 원인이 동일한 등기의 신청
⑤ 소유자가 다른 여러 부동산에 대한 공동저당 또는 공동 전세권이나 전전세 등기(위 1,2)의 신청

⑥ 소유자가 다른 여러 부동산에 대한 공동저당 또는 공동 전세권이나 전전세 등기에 대한 이전·변경·말소등기의 신청

⑦ 공동저당 목적으로 새로 추가되는 부동산이 종전에 등기한 부동산과 다른 등기소의 관할에 속하는 경우에는 종전의 등기소에 추가되는 부동산에 대한 저당권설정등기의 신청

3) 공동저당 일부의 소멸 또는 변경의 신청은 소멸 또는 변경되는 부동산의 관할 등기소 중 한 곳에 신청할 수 있다.

4) 여러 관할 등기소 중 하나에 등기신청을 하는 경우에는 법 제7조의2 제1항에 관한 등기신청임을 신청정보의 내용으로 등기소에 제공하여야 하며 여러 개의 부동산에 관한 신청정보를 일괄신청방법으로 제공하여야 한다. 이 경우 공동저당의 등기신청인 경우에는 해당 부동산 전부에 관한 사항을 신청정보의 내용으로 등기소에 제공하여야 한다.

14. 관할이 다른 여러 개의 부동산과 관련한 등기관의 처분

등기관이 당사자의 신청이나 직권에 의한 등기를 하고 제71조, 제78조 제4항(제72조 제2항에서 준용하는 경우를 포함한다) 또는 대법원규칙으로 정하는 바에 따라 다른 부동산에 대하여 등기를 하여야 하는 다음의 경우에는 그 부동산의 관할 등기소가 다른 때에도 해당 등기를 할 수 있다.

① 법 제71조 제1항 및 제4항에 따른 승역지와 다른 등기소의 관할에 속하는 요역지에 대한 등기

② 법 제78조 제4항(법 제72조 제2항에서 준용하는 경우를 포함한다)에 따라 다른 등기소의 관할에 속하는 종전 부동산에 대한 등기

③ 멸실한 토지와 다른 등기소의 관할에 속하는 부동산이 함께 소유권 외의 권리의 목적인 경우로서 제84조 제2항 또는 제3항에 따른 등기

④ 대지권의 목적인 토지가 다른 등기소의 관할에 속하는 경우로서 제89조 및 제93조에 따른 등기

⑤ 공동담보의 일부 소멸 또는 변경의 등기를 하는 부동산과 다른 등기소의 관할에 속하는 종전 부동산에 대한 제136조 제1항에 따른 등기

⑥ 그 밖에 제1호부터 제5호까지와 유사한 경우로서 신청 또는 직권에 의한 등기를 하고 다른 등기소의 관할에 속하는 부동산에 대해서도 하여야 하는 등기

15. 구분건물 대지권의 목적인 토지의 등기기록에 토지 표시변경등기를 마쳤을 때 직권으로 1동건물표제부중 대지권의 목적인 토지의 표시 등에 관하여 변경된 사항의 등기를 하도록 함(신설)

제94조의2(대지권이 있는 구분건물에 대한 직권에 의한 표시변경등기 등) ① 등기관이 구분건물의 대지권의 목적인 토지의 등기기록에 법 제34조의 등기사항에 관한 변경이나 경정의 등기를 마쳤을 때에는 1동의 건물의 표제부 중 대지권의 목적인 토지의 표시에 관하여 변경 또는 경정된 사항의 등기를 직권으로 하여야 한다.
② 등기관이 구분건물의 대지권의 목적인 토지의 등기기록에 분필, 합필등기를 마치거나 그 등기가 토지대장이나 임야대장과 일치하지 않아 이를 경정하기 위한 등기를 마쳤을 때에는 직권으로 1동의 건물의 표제부 중 대지권의 목적인 토지의 표시와 전유부분의 표제부 중 대지권의 표시에 관하여 변경 또는 경정된 사항의 등기를 하여야 한다.
③ 등기관은 구분건물에 대한 소유권이전등기를 할 때에 구분건물의 등기기록 중 대지권의 목적인 토지의 표시와 토지 등기기록의 부동산의 표시가 일치하지 아니한 경우 먼저 직권으로 제1항 또는 제2항에 따른 표시의 변경 또는 경정등기를 하여야 한다.
④ 제1항부터 제3항까지의 규정에 따라 직권에 의한 표시의 변경이나 경정등기가 되어 있지 않은 건물에 대하여 멸실등기의 신청이 있는 경우 등기관은 먼저 직권으로 제1항부터 제3항까지의 규정에 따른 표시의 변경 또는 경정등기를 하여야 한다.

16. 등기사무의 정지 제도 개선

1) 비상등기소의 처분명령 또는 정지명령

대법원장은 다음 중 어느 하나에 해당하는 경우로서 등기소에서 정상적인 등기사무의 처리가 어려운 경우에는 기간을 정하여 등기사무의 정지를 명령하거나 대법원규칙으로 정하는 바에 따라 등기사무의 처리를 위하여 필요한 처분을 명령할 수 있다. 이 경우 대법원장은 정지명령에 관한 권한을 법원행정처장에게, 처분명령에 관한 권한을 법원행정처장 또는 지방법원장에게 위임할 수 있다.
① 「재난 및 안전관리 기본법」 제3조 제1호의 재난이 발생한 경우
② 정전 또는 정보통신망의 장애가 발생한 경우
③ 그 밖에 제1호 또는 제2호에 준하는 사유가 발생한 경우

2) 비상등기소에 대한 처분명령

① 대법원장은 등기소에서 전산정보처리조직을 이용한 등기사무의 처리가 어려운 경우에는 그 비상등기소에서 정상적인 등기사무의 처리를 위해 필요한 시간 등을 고려하여 다음 각 호의 처분을 명할 수 있다.

　㉠ 법 제8조에 따라 다른 등기소에 비상등기소의 관할에 속하는 사무의 위임

　㉡ 법 제7조에도 불구하고 법원행정처 또는 다른 등기소에 비상등기소의 접수사무 등 등기사무의 일부를 처리할 수 있는 권한의 부여

　㉢ 비상등기소 관할 구역에 임시청사의 설치

　㉣ 전자문서를 이용하여 등기신청을 할 수 있도록 인터넷등기소 운영시간을 연장하는 처분

　㉤ 그 밖에 비상등기소의 정상적인 등기사무의 처리를 위하여 필요한 처분

② 대법원장은 각 처분에 관한 권한을 각각 법원행정처장이나 비상등기소의 사법행정사무를 담당하는 지방법원장에게 위임한다.

　㉠㉣는 법원행정처장, ㉡㉤는 법원행정처장 또는 담당지방법원장, ㉢은 담당지방법원장

3) 등기사무정지명령

대법원장은 처분명령에 의한 처분으로 정상적인 등기사무의 처리가 어려운 때에는 기간을 정하여 등기사무의 정지를 명할 수 있다. 대법원장은 이러한 정지명령에 관한 권한을 법원행정처장에게 위임한다.

17. 애플리케이션을 통하여 등기사항의 열람이나 등기신청 등 일정사항을 할 수 있도록 함

등기사항의 열람, 전자문서를 이용한 등기신청 등 그 밖에 대법원예규가 정하는 사항은 법원행정처장이 정하는 이동통신단말장치에서 사용되는 애플리케이션(Application)을 통하여서도 할 수 있다(규칙 제165조 신설).

제36회 공인중개사 시험대비 **전면개정판**

2025 박문각 공인중개사
열공시의 핵심암기장 2차 부동산공시법령

초판인쇄 | 2024. 12. 5. **초판발행** | 2024. 12. 10. **편저** | 김병렬 편저
발행인 | 박 용 **발행처** | (주)박문각출판 **등록** | 2015년 4월 29일 제2019-000137호
주소 | 06654 서울시 서초구 효령로 283 서경 B/D 4층 **팩스** | (02)584-2927
전화 | 교재 주문 (02)6466-7202, 동영상문의 (02)6466-7201

정가 12,000원

ISBN 979-11-7262-387-6